Ullstein

ÜBER DAS BUCH:

Wir wären aufgeschmissen, wenn es ihn nicht gäbe, den netten Menschen von nebenan! Egal, ob Heckenschere oder Backpulver, er hilft uns aus allen Engpässen heraus. Er gewährt sogar schon mal Asyl, wenn man vor den stürmischen Attacken des Partners fliehen muß oder kümmert sich in der Urlaubszeit liebevoll um Blumen und Tiere.

Natürlich darf man den Unterhaltungswert nicht vergessen, wenn von oben, unten oder nebenan Opernmusik durch die Wände dringt oder andere Geräusche zu fabulösen Spekulationen über das benachbarte Familienleben anregen.

Die vorliegenden Geschichten sind unseren Nachbarn gewidmet. Mal amüsant und nicht ganz ernst gemeint, mal versöhnlich, aber immer mit Witz und Schwung, sind sie ein Dankeschön an den netten, manchmal auch störenden, Menschen von nebenan.

*Ein Glück,
daß es nette Nachbarn gibt*

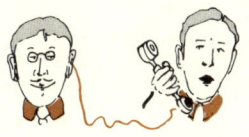

ULLSTEIN

Ullstein Buchverlage GmbH,
Berlin
Taschenbuchnummer: 24152

Originalausgabe
Juli 1997

Umschlagentwurf:
Vera Bauer
Illustration:
Image Life/Bavaria
Vignetten:
Wolfgang Schedler
Alle Rechte vorbehalten
für diese Ausgabe © 1997
by Ullstein Buchverlage GmbH,
Berlin
Printed in Germany 1997
Gesamtherstellung:
Clausen & Bosse, Leck
ISBN 3 548 24152 2

Gedruckt auf alterungs-
beständigem Papier mit
chlorfrei gebleichtem Zellstoff

Weitere Titel in der Reihe
der Ullstein Geschenkbücher:

Alles wird schon wieder... (23710)
Eigener Herd ist Goldes wert! (23894)
Ein Glück, daß es Lorbaß gibt! (23891)
Ein Glück, daß es Mutter gibt! (23751)
Ein Glück, daß es Oma gibt! (23718)
Ein Glück, daß es Opa gibt! (23892)
Ein Glück, daß es Schnurrli gibt! (24032)
Ein Glück, daß es Schwiegermütter gibt!
(24030)
500 PS müssen nicht sein! (23896)
Fünfzig – wie schön! (23743)
Geliebter Drahtesel! (24151)
Jetzt wird das Leben erst richtig schön!
(24033)
Keine Angst vor Windeln! (23893)
Der Kleister macht den Meister! (24029)
Muttertag ist immer! (24149)
Nichts geht über einen schönen Garten!
(24034)
Sechzig – wie schön! (23729)
Was wären wir ohne Sie! (23737)
Wie schön, daß ihr euch traut! (24031)
Wie schön, mein Schatz, daß es dich gibt!
(24150)
Zu netten Menschen kommt man gerne!
(23895)

Die Deutsche Bibliothek –
CIP-Einheitsaufnahme

Ein Glück, daß es nette Nachbarn gibt! –
Orig.-Ausg. - Berlin :
Ullstein, 1997
  (Ullstein-Buch ; Nr. 24152)
  ISBN 3-548-24152-2

INHALT

THOMAS DEGERING
Wagner 7

JOHANN PETER HEBEL
Die Wachtel 19

FRANZ KAFKA
Der Nachbar 22

WILHELM HAUFF
Der Affe als Mensch 25

GEORG LENTZ
Die Winsch 54

HERMANN HESSE
Der Holländer 70

WERNER SCHMIDLI
Der Hauswart 91

BERNARD MALAMUD
Die Mieter 101

SYLVIA PLATH
Der Schatten 116

BARBARA FRISCHMUTH
Mein und Musils Nachbar 132

WOLFGANG ALTENDORF
Mein Nachbar ließ sich wieder einmal einschneien 140

LUDWIG THOMA
Der Eigentumsfanatiker 143

WILLY BREINHOLST
Kann ich vom Stuhl runterkommen, Herr Lund? 154

THOMAS DEGERING
Wäschekrieg 158

JO HANNS RÖSLER
Hannibal ante portas 160

THOMAS DEGERING
Wagner

In einem hellhörigen Mietshaus – welches Mietshaus ist *nicht* ›hellhörig‹? Ich kenne ausschließlich Mietshäuser, in denen ›Hellhörigkeit‹, der dominierende Eindruck ist – in einem hellhörigen Mietshaus also hängen Wohl und Wehe des friedliebenden Mieters hauptsächlich von zwei fundamentalen, einander nicht grundsätzlich widersprechenden Faktoren ab: 1) Was für eine Sorte von Leuten wohnt *über* ihm? 2) Was für eine Sorte von Leuten wohnt *unter* ihm?

Es ist diesbezüglich nicht immer so fundamental wichtig, mit was für einer Sorte von Leuten man den Etagenflur teilt, obwohl auch dies natürlich von Bedeutung ist. Wir hatten in unserem Mieterleben z. B. schon zweimal überaus nette Flurnachbarn, die gerne ausdauernd den Kopf ins Glas steckten. Der eine warf aus diesem Grunde regelmäßig nachts seine Möbel aus der Wohnung und sang dazu Hans-Albers-Lieder oder was er dafür hielt, die andere zerdepperte nachts auf dem Flur mit schwer nachvollziehbarer Heiterkeit Flaschen (leere) und krakeelte dabei weiß Gott auch nicht schlecht. Ein herzliches Nebeneinander war in beiden Fällen nur mit einem Mordsaufwand an Selbstverleugnung zu konstruieren. Wir sind dann da jeweils nach vier Wochen ausgezogen – um irgendwo anders in den Genuß einer Prise Wohnfrieden zu gelangen.

Das waren in unserem Dasein übrigens exakt die Umzüge Nummer 43 und 44. Ja: wir sind sehr mobil und wechseln häufig das Quartier. Denn nirgendwo gefällt es uns hundertprozentig, wir finden und finden nicht das ideale Heim im idealen Mietshaus, und das, wo es weiß der Teufel mehr als genügend Mietshäuser auf der Welt gibt. Immer stört uns irgend etwas, stets können wir auf Dauer irgend etwas nicht aushalten, oft ist es lediglich eine Kleinigkeit, die uns schließlich wieder erneut hinaus auf den freien Wohnungsmarkt katapultiert – wenn beispielsweise (das war der tiefere Grund für Umzug Nr. 39) der Mann unter uns sich dreiundzwanzigmal am Tag im Stile eines freilaufenden Elephanten die Nase schneuzt oder in einer Weise ungeniert niest, daß jedes Mal der Videorekorder von selbst anspringt, oder in einer Weise ungeniert gähnt, daß jedes Mal der Deckel des Mülleimers in der Küche von selbst aufklappt. Das sind die Dinge, mit denen wir uns nicht abfinden können, obgleich tolerante Menschen so etwas sicher nicht einmal wahrnehmen. Meine Frau meint deswegen manchmal: Das Geeignetste für uns wäre vielleicht gar kein Dreißig-Parteien-Gelbklinkerhaus in Hamburg-Barmbek, sondern eine Ein-Parteien-Villa in Beverly Hills mit Nachbarn, die man erst bemerkt, wenn man zuvor einen tausend Quadratmeter großen Rasen überquert hat, den seit dem frühen Morgen ein japanischer Gärtner bearbeitet. »Filmstars wären es außerdem noch!« sagt meine Frau, die beim Arzt gern die »Bunte« liest. Nun ja, das kann schon stimmen. Meine Frau spricht oft in aller Klarheit aus, was ich selbst nur verschwommen denke. Aber wer weiß schon, wie das in Wirklichkeit sein würde? Möglicherweise benehmen sich Filmstars in Beverly Hills heutzutage weitaus ungehobelter, als man das aus der Ferne vermutet, und dann nützt selbst der tausend Quadratmeter große Rasen nicht mehr viel, der einen von ihnen trennt. Jedenfalls, um aufs Thema zurückzukommen: in dem Gelbklinker-Mehrparteienmietshaus, in dem wir zur Zeit unsere Möbel aufgestellt haben, wird uns, was unsere Unter- und Übernachbarn anbetrifft, das größte anzunehmende Glück geboten. Selbstverständlich ist auch dieses Haus leicht hellhörig – man versteht jedes Räuspern, man bekommt mit, wenn jemand die Zahnbürste wechselt, und so weiter. Das Übliche. Doch weder von den Leuten über noch von den Leuten unter uns geht irgendeine Form von substantiellem Lärm aus. Und genau deshalb sind sie für uns die vortrefflichsten Nachbarn, die wir je hatten, und genau deswegen werden wir hier auch eine ganze Weile wohnen bleiben – es sei denn, es werden eines Tages wieder Flaschen auf dem Etagenflur zerdeppert, was derzeit nicht der Fall ist und für die nächste Zukunft auch nicht in Aussicht steht. Es ist nämlich schwer vorstellbar, daß Frau Pussil-Wachsmuth schräg neben uns (sie arbeitet in einem Biokostladen) in ihrer Freizeit exzessiv zur Flasche greift, ebenso, wie dies schwer vorstellbar bei Kleinfamilie Schielbier von gegenüber ist (er wirkt allerdings als Buchhalter in einer Brauerei).

Auf unserem Etagenflur herrscht also eitel Sonnenschein, doch im Ganzen betrachtet war unser Wohnen hier keineswegs immer eine Idylle – also über uns schon, aber unter uns nicht. Wir hatten, um die Wahrheit zu sagen, unser Geschirr bereits wieder mal eingepackt und mit Holzwolle optimal abgepolstert und sogar schon die Kartons (*Küche*) etikettiert, ich war dabei, das Wohnzimmer zu verpacken und die Bilder von den Wänden zu holen, während meine Frau bei der Umzugsfirma anfragte, ob wir diesmal endlich Mengenrabatt kriegen könnten. Denn unter uns wohnte ein geschlagenes halbes Jahr lang ein Paar, mit dem wir nur über die Polizei verkehrten. Das waren die Pißtmanns – eine unverschämt laute und lärmende Gesellschaft, aber wir haben sie schließlich kleingekriegt und zum Teufel gejagt, mit Polizeikraft in erster Linie. Als die Pißtmanns beim Teufel waren, um dort Randale zu machen, zogen die Thutewohls ein. Die brachten uns anfangs zwar auch mit ihrem Renovierungskrach um unseren Restverstand – die haben acht Wochen lang Tag und Nacht und am Wochenende hundertzehn Quadratmeter Holzdielen abgeschliffen und sich anschließend die Fenster zur Brust genommen –, aber seit es partout nichts mehr zu schleifen gibt, sind sie unsere zweitbesten Freunde geworden, so vergleichsweise lautlos leben sie dahin, als wohnten sie gar nicht unter uns, sondern in der Wüste von Nevada.

Und über uns? Da wohnen die Schwestern Knaak,

Die Schwestern Knaak sind zwei äußerst liebenswürdige alte Damen, so unauffällig wie zwei Topfblumen, von denen man nichts hört und nichts sieht, außer wenn sie in großer Stille, wie zwei liebenswürdige Geister, zusammen das Haus verlassen, um einkaufen zu gehen. Man hat noch niemals die eine Schwester Knaak das Haus ohne die andere Schwester Knaak verlassen sehen. Vielleicht fürchten sie sich ganz alleine auf der Straße, vielleicht ist es ihnen aber alleine bloß zu langweilig. Die Schwestern Knaak ähneln einander in einer Weise, daß man sie nicht auseinanderhalten kann. Sommers wie winters tragen sie höchst kuriose selbstgestrickte Wollmützen, bei denen es sich um komplett identische beigebraun gemusterte Käppchen handelt, die starke Ähnlichkeit mit umgedrehten Kompottschüsseln haben.

Obgleich die Schwestern Knaak außerhalb ihrer Wohnung immer nur lächeln, aber fast nie was sagen, können sie zuweilen unvermutet neckisch sein. Vor sechs Wochen haben sie sich eines Mittags zusammen im Treppenhaus hinter der Haustür versteckt, genauer gesagt, in einer Ecke zwischen der Haustür und der Kellertür. Ich kam nach Hause, machte nichtsahnend die Haustür auf und sah plötzlich diese bieden wollbemützten Geister zusammen unauffällig in der Ecke stehen.

»Gott, haben *Sie* mich erschreckt!« sagte ich zu ihnen. »So etwas dürfen Sie nicht tun, ich hab's mit dem Herzen, hatte ich Ihnen davon noch nicht erzählt?«

»Hihi, wir *wollten* Sie ja erschrecken und mal sehen, wie Sie reagieren!« sagten die Schwestern Knaak aus einem Mund und waren maßlos erfreut.

»Das haben Sie ja jetzt«, erwiderte ich.

»Ja, das haben wir!« antworteten sie triumphierend und kicherten noch auf der Treppe, als ich schon längst oben in der Wohnung war. Das war jedoch lediglich eine Episode. In der Regel nicken die Schwestern Knaak nur freundlich, wenn sie ihren Hausnachbarn begegnen, und zwar synchron.

Jahrelang haben sie übrigens ihre Wäsche in ihrer eigenen Wohnung getrocknet, doch seit einiger Zeit benutzen sie auf einmal (wieso, weiß keiner) den allgemeinen Trockenraum im Keller. Als sie dies das erste Mal taten, legten sie einen Zettel auf einen der Wäscheständer. »*Wir benutzen ab heute auch den allgemeinen Trockenraum! Familie Knaak*!« stand da in großer, ein wenig krakeliger, ein wenig triumphierender, ein wenig neckischer roter Schrift. Sie glaubten wohl, sonst würde niemand ihre grasgrünen Nachthemden, ihre kanarienvogelgelben Putzlappen, ihre altertümlichen gepunkteten weißen Blusen, ihre beigefarbenen Wolljacken und ihre kompottschüsselartigen Wollmützen bemerken.

Die Schwestern Knaak verhalten sich in ihrer Wohnung stiller als schlafende Mäuse, und deswegen sind sie der reinste Segen für uns. Umgekehrt waren wir der reinste Segen für *sie*, denn stillere Unternachbarn als uns gibt's im Prinzip überhaupt nicht, von uns hört man keinen Laut, wirklich nicht, keinen noch so kleinen störenden Laut, wirklich nicht, keinen noch so kleinen störenden Laut, wir sind so leise, daß wir am liebsten selbst unter uns wohnen würden. Ich sagte: *waren*. Denn vor kurzem brachte meine Frau eines Tages aus heiterem Himmel »*Richard Wagner – Beliebte Orchesterstücke*«, Wiener Philharmoniker, Dirigent Sir Georg Solti, mit nach Hause. »Wir müssen jetzt endlich einmal etwas von Wagner hören!« sagte sie. »Wir haben hier alle möglichen CDs stehen – aber nichts, nicht das Geringste von Wagner! Das geht doch nicht! Wir kennen *gar nichts* von Wagner! Schon aus Gründen der Bildung müssen wir...« – »Okay, okay«, sagte ich. »Das geht nicht, ich seh's ein.« Dabei hätte ich vielleicht auch ohne Wagner mein Leben weiterführen können. Bisher war's ja auch halbwegs gegangen, wie mir scheinen wollte.

Aber bisher war ich auch ein Banause gewesen, und die fühlen sich ja eigentlich immer sauwohl. Um es kurz zu machen: Wir hörten am Abend dieses Tages bis nachts um zwölf ununterbrochen Wagner – und zwar nur *ein* einziges Stück von der besagten CD – das Vorspiel zu *Lohengrin*.

Sie kennen das göttliche Vorspiel zu *Lohengrin*, 1. Akt? Ja? Diese unendlich leisen, zarten, von irgendwoher kommenden, sphärischen, die Wehmut geradezu anstachelnden Streicher zu Beginn... Diese tiefe, ans Herz greifende grausam-großartige Depressivität... Das Bitter-Süße, das alles durchzieht und einem die Augen feucht macht... Das seelisch Erschütternde... Das irgendwie Unheilschwangere, das einen zugleich bedrückt wie erhebt... Mit einem Wort: diese ganze wahnsinnige emotionale Spannweite... »Lauter, es ist so schön, mach' es *bitte* lauter, man hört ja gar nicht richtig!« rief ich meiner Frau zu, die beim CD-Spieler im Wohnzimmer saß, währenddessen ich ergriffen und mit geschlossenen Augen in meinem Ohrensessel lauschte, der noch vom Absaugen gestern auf dem Flur stand. Meine Frau gehorchte aufs Wort, auch sie wollte es ohne Zweifel lauter und eindringlicher haben. Der Effekt war, daß der Kunstgenuß noch stärker wurde. Es brauste jetzt geradewegs durch unsere bescheidenen Räume. Es brauste vor allem in unerhörter Weise zwischen der sechsten und siebsten Minute des Vorspieles zu Lohengrin, 1. Akt – da, wo die Lautstärke plötzlich unwahrscheinlich (und vor allem unvermutet) anzieht und die Bläser, Pauken und Becken voll zum Einsatz kommen. Das war mit einem Mal ein Höllengetöse in der Wohnung, da war rein gar nichts mehr von den sphärischen, kaum hörbaren Streichern des Anfangs zu vernehmen, es war, als würde man direkt vor der Gruppe der Bläser sitzen. Ich schnellte aus meinem Ohrensessel in die Höhe, ich griff mir an die Ohren, aber dann – urplötzlich – erneut Ruhe, das abermalige sphärische, kaum hörbare Dahinschmelzen der Streicher wie zuvor, schließlich der total ergreifende, tiefmelancholische Ausklang. Schön!!!

»Das ist vielleicht einer, dieser Wagner«, rief ich aus meinem Ohrensessel rüber zu meiner Frau. »Dieses raffinierte Auf und Ab – dieser ständige Wechsel von Leise und Laut! Aber gut! Sehr gut! Das *müssen* wir noch mal hören! Und bitte *noch* etwas lauter!« Wieder erfüllte meine Frau meine Wünsche, die auch die ihren waren.

So ging das, wie gesagt, mit steigendem Vergnügen und steigender Phonstärke bis Mitternacht. An diesem Abend war die Hochstimmung bei uns zu Hause. »Einmal noch!« rief ich genau um zwölf Uhr. Da klingelte es an der Wohnungstür. Wenn man gerade im Vorspiel zu *Lohengrin* schwelgt, und es klingelt an der Wohnungstür, dann bleibt das innerlich nicht ohne Folgen. Meine Frau stoppte im Wohnzimmer abrupt die CD. Ich stand erregt auf und rannte wütend zur Tür. Ich riß sie auf. Draußen standen in ihren beige-braunen Bademänteln, unter welchen die Säume grasgrüner Nachthemden hervorguckten, die Schwestern Knaak.

»Wir... wir... Die laute Musik... Wir können heute nacht überhaupt nicht schlafen...« sagten sie aus einem Mund. Ihre liebenswürdigen Gesichter sahen traurig verhärmt aus.

»Die Musik?... Tatsächlich – *so* laut...? So... Soso...« sagte ich tief ernüchtert und fuhr mir mit einer Hand betreten durch mein Haar.

Das war noch niemals passiert, daß sich Unter- oder Übernachbarn bei uns über zu laute Musik beschwerten – wo wir die Stille in Person repräsentierten... Aber was denn? Hatten wir vielleicht die Rolling Stones laufen lassen und laut aufgedreht? Es handelte sich hier nicht um Rock, sondern um – Wagner! Um klassischen Kunstgenuß! Um – Bildung schließlich und endlich! Wer kann denn etwas gegen Bildung haben?

Fakt war, daß wir unsere Übernachbarn um ihren Schlaf gebracht hatten. Da war etwas schief gelaufen. Trotzdem wußte ich nicht, was ich sagen sollte. »Äh... ja, wissen Sie... hm... das ist eben – das ist – äh – Wagner, meine Damen!« sagte ich schließlich ohne jeden Sinn und Verstand.

»Wie – Wagner?« fragten die Schwestern Knaak vollständig verwirrt.

»Ja, Wagner... Das ist eben Wagner – dieses – dieses beständige Auf und Ab von – von Leise und – Laut – von Laut und Leise... wissen Sie... dieser stete Wechsel von – von sanfter Ruhe und – und entfesseltem Sturm... Streichern und Bläsern sozusagen...«

Die Damen Knaak schauten mich mit verdutzten Mienen an. Das war ihnen völlig schleierhaft, was ich da von mir gab. Gut möglich, daß sie an meiner Geistesverfassung zweifelten.

Ich faßte an meine Brille, ich wußte jetzt einfach nicht mehr weiter. Ich hatte die Allgemeinplätze aufgebraucht, ich war kein Wagnerexperte, das konnte man wirklich nicht sagen, ich war eher Rolling-Stones-Experte, von Haus aus, von meiner bewegten Jugend her. »Wiener Philharmoniker, Sir Georg Solti...« merkte ich noch an. Diese leicht schwachsinnige Mitteilung hätte ich mir aber auch sparen können, Sir Georg Solti kannten sie gar nicht. »Das ist eben... Wagner«, hob ich abermals an, wurde jedoch auf der Stelle gewahr, daß das ein für allemal nichts brachte. Deshalb sagte ich, einer Eingebung folgend: »Wollen Sie nicht einen Augenblick hereinkommen?... Ein Gläschen mit uns trinken?... Als – als Entschädigung für – für entgangene Nachtruhe gewissermaßen?...«

»Ja, sehr gerne!« sagten die Schwestern Knaak unisono und erfreut.

Ich führte sie ins Wohnzimmer, meine Frau holte ein paar Gläser, und wir hörten dann noch alle gemeinsam ein bißchen Wagner, allerdings in gemäßigter Lautstärke. »Sehen Sie – Wagner...« sagte ich immer wieder. Ich ließ nicht ab von meinem Versuch, den Schwestern Knaak Wagner zu erläutern. »Jaja, Wagner!« wiederholten sie jedes Mal und nickten heftig mit dem Kopf. Die Musik schien ihnen als solche nicht zu mißfallen. Um ein Uhr gingen sie wieder zu sich nach oben. »Wissen Sie noch, wie wir Sie neulich an der Haustür so erschreckt haben?« fragten sie mich beim Abschied kichernd. »Jaja«, sagte ich. »Und dieses Mal habe ich, haben wir *Sie* erschreckt... Aber – es kommt nicht wieder vor, ich versprech's. Ehrlich. Wir werden uns in Zukunft zügeln!«

»Auf diese Weise haben wir aber Bekanntschaft mit Wagner gemacht!« sagten die Schwestern Knaak.

»Es freut mich, daß Sie das so sehen...« sagte ich.

»Ja, das sehen wir so!« sagten die Schwestern Knaak aus einer Kehle und stapften befriedigt die Treppe hinauf.

JOHANN PETER HEBEL
Die Wachtel

Zwei wohlgezogene und ehrbare Nachbarn lebten sonst miteinander immer in Frieden und Freundschaft, jetzt zwar auch noch, aber einer von ihnen hatte eine Wachtel. Zu ihm kommt endlich der Nachbar und sagt: »Freund, begreift Ihr nicht, daß mir euer Lärmenmacher, euer Tambour da, sehr ungelegen sein kann, wenn ich morgens noch ein Stündlein schlafen möchte, und daß Ihr euch unwert macht bei der ganzen Nachbarschaft?« – Ihm erwiderte der Nachbar: »Ich begreife das Gegenteil. Ist's nicht aller Ehren wert, daß meine Wachtel der ganzen Nachbarschaft den Morgen umsonst ansagt und die Gesellen weckt, auch sonst Kurzweil macht, und ich trage die Atzungskosten allein?« Als alle Vorstellungen nichts verfangen wollten und die Wachtel immer früher schlug und immer heller, kommt endlich der Nachbar noch einmal und sagt: »Freund, wär euch eure Wachtel nicht feil?« Der Nachbar sagt: »Wollt Ihr sie tot machen?« – »Das nicht«, erwiderte der andere. – »Oder fliegen lassen?« – »Nein, auch nicht.« – »Oder in eine andere Gasse stiften?« – »Auch das nicht, sondern hier vor mein Fenster will ich sie stellen, damit Ihr sie auch noch hören könnt alle Morgen.« Der Nachbar merkte nichts, denn er war nicht der Klügere von beiden. Ei, dachte er, wenn ich sie vor deinem Fenster umsonst hören kann und bekomme noch Geld dazu, so ist's besser. – »Ist sie euch ein Zweiguldenstück wert?« fragte er den Nachbar. Der Nachbar dachte zwar, es sei viel Geld, doch soll's ihm nicht verloren sein, und noch in der nämlichen Stunde wurde die Wachtel umquartiert. Am andern Morgen, als sie ihren vorigen Besitzer aus dem Schlaf erweckte und er eben denken wollte: »Ei, meine gute Wachtel ist auch schon munter« – halbwegs des Gedankens fällt's ihm ein: »Nein, es ist meines Nachbars Wachtel – das undankbare Vieh«, sagte er endlich am dritten Morgen, »ein Jahr lang hat sie bei mir gelebt und gute Tage gehabt, und jetzt hält sie es mit einem andern und lebt mir zum Schabernack. – Der Nachbar sollte verständiger sein und bedenken, daß er nicht allein in der Welt ist, wenigstens nicht allein in der Stadt.« Nach mehreren Tagen aber, als er vor Verdruß es nimmer aushalten konnte, redete er hinwiederum den Nachbar an: »Freund«, sagte er, »Euere Wachtel hat in der vergangenen Nacht wieder einen kurzen Schlaf gehagbt.« – »Es ist ein braver Vogel«, erwiderte der Nachbar, »ich habe mich nicht daran verkauft.« – »Er ist recht brav worden in eurem Futter«, fuhr jener fort. »Was verlangt Ihr Aufgeld, daß er euch wieder feil werde?« Da lächelte der andere und sagte: »Wollt Ihr sie vielleicht tot machen?« – »Nein.« – »Oder fliegen lassen?« – »Das auch nicht.« – »Oder in eine andere Gasse vermachen?« –

»Auch das nicht. Aber an ihren alten Platz will ich sie wieder stellen, wo Ihr sie ja ebenso gut hören könnt wie an ihrem jetzigen.« – »Freund«, erwiderte ihm hierauf der Nachbar, »vor euer Fenster kommt die Wachtel nimmermehr, aber gebt Ihr mir meine zwei Gulden wieder, so lass' ich sie fliegen.« Der Nachbar dachte bei sich: »Wohlfeiler kann ich sie nicht loswerden als für sein eigenes Geld.« Also gab er ihm die zwei Gulden wieder, und die Wachtel flog.

Der geneigte Leser wolle hieran gelegentlich erkennen, wenn er es nötig hat, was für ein großer Unterschied es sei, ob etwas vor dem eigenen Fenster und in dem eigenen Haus geschieht oder in einem andern, ferner – denn es braucht keine Wachtel dazu –, ob einer in einer Gesellschaft selber pfeift und auf dem Tisch trommelt, oder ob es ein anderer anhören muß; item: ob einer selber bis nachts um 10 Uhr eine langweilige Geschichte erzählt, und ob ein anderer dabei sein und von Zeit zu Zeit sich verwundern und etwas dazu sagen muß, gleich als ob er achtgäbe.

FRANZ KAFKA
Der Nachbar

Mein Geschäft ruht ganz auf meinen Schultern. Zwei Fräulein mit Schreibmaschinen und Geschäftsbüchern im Vorzimmer, mein Zimmer mit Schreibtisch, Kasse, Beratungstisch, Klubsessel und Telefon, das ist mein ganzer Arbeitsapparat. So einfach zu überblicken, so leicht zu führen. Ich bin ganz jung und die Geschäfte rollen vor mir her. Ich klage nicht, ich klage nicht.

Seit Neujahr hat ein junger Mann die kleine leerstehende Nebenwohnung, die ich ungeschickterweise so lange zu mieten gezögert habe, frischweg gemietet. Auch ein Zimmer mit Vorzimmer, außerdem aber noch eine Küche. – Zimmer und Vorzimmer hätte ich wohl brauchen können, – meine zwei Fräulein fühlten sich schon manchmal überlastet – aber wozu hätte mir die Küche gedient. Dieses kleinliche Bedenken war daran schuld, daß ich mir die Wohnung habe wegnehmen lassen. Nun sitzt dort dieser junge Mann. Harras heißt er. Was er dort eigentlich macht, weiß ich nicht. Auf der Tür steht: »Harras Bureau.« Ich habe Erkundigungen eingezogen, man hat mir mitgeteilt, es sei ein Geschäft ähnlich dem meinigen. Vor Kreditgewährung könne man nicht geradezu warnen, denn es handle sich doch um einen jungen aufstrebenden Mann, dessen Sache vielleicht Zukunft habe, doch könne man zum Kredit nicht geradezu raten, denn gegenwärtig sei allem Anschein nach kein Vermögen vorhanden. Die übliche Auskunft, die man gibt, wenn man nichts weiß.

Manchmal treffe ich Harras auf der Treppe, er muß es immer außerordentlich eilig haben, er huscht förmlich an mir vorüber. Genau gesehen habe ich ihn noch gar nicht, den Büroschlüssel hat er schon vorbereitet in der Hand. Im Augenblick hat er die Tür geöffnet. Wie der Schwanz einer Ratte ist er hineingeglitten und ich stehe wieder vor der Tafel »Harras Bureau«, die ich schon viel öfter gelesen habe, als sie es verdient.

Die elend dünnen Wände, die den ehrlich tätigen Mann verraten, den Unehrlichen aber decken. Mein Telefon ist an der Zimmerwand angebracht, die mich von meinem Nachbarn trennt. Doch hebe ich das bloß als besonders ironische Tatsache hervor. Selbst wenn es an der entgegengesetzten Wand hinge, würde man in der Nebenwohnung alles hören. Ich habe mir angewöhnt, den Namen der Kunden beim Telefon zu nennen. Aber es gehört natürlich nicht viel Schlauheit dazu, aus charakteristischen, aber unvermeidlichen Wendungen des Gesprächs die Namen zu erraten. – Manchmal umtanze ich, die Hörmuschel am Ohr, von Unruhe gestachelt auf den Fußspitzen den Apparat und kann es doch nicht verhüten, daß Geheimnisse preisgegeben werden.

Natürlich werden dadurch meine geschäftlichen Entscheidungen unsicher, meine Stimme zittrig. Was macht Harras, während ich telefoniere? Wollte ich sehr übertreiben – aber das muß man oft, um sich Klarheit zu verschaffen –, so könnte ich sagen: Harras braucht kein Telefon, er benutzt meins, er hat sein Kanapee an die Wand gerückt und horcht, ich dagegen muß, wenn geläutet wird, zum Telephon laufen, die Wünsche des Kunden entgegennehmen, schwerwiegende Entschlüsse fassen, großangelegte Überredungen ausführen – vor allem aber während des Ganzen unwillkürlich durch die Zimmerwand Harras Bericht erstatten.

Vielleicht wartet es gar nicht das Ende des Gespräches ab, sondern erhebt sich nach der Gesprächsstelle, die ihn über den Fall genügend aufgeklärt hat, huscht nach seiner Gewohnheit durch die Stadt, und ehe ich die Hörmuschel aufgehängt habe, ist er vielleicht schon daran, mir entgegenzuarbeiten.

WILHELM HAUFF
Der Affe als Mensch

Herr! Ich bin ein Deutscher von Geburt, und habe mich in euren Landen zu kurz aufgehalten, als daß ich ein persisches Märchen, oder eine ergötzliche Geschichte von Sultanen und Vezieren erzählen könnte. Ihr müßt mir daher schon erlauben, daß ich etwas aus meinem Vaterland erzähle, was euch vielleicht auch einigen Spaß macht. Leider sind unsere Geschichten nicht immer so vornehm wie die euren, das heißt, sie handeln nicht von Sultanen oder unseren Königen, nicht von Vezieren und Paschas, was man bei uns Justiz- und Finanzminister, auch Geheimräte und dergleichen nennt, sondern sie leben, wenn sie nicht von Soldaten handeln, gewöhnlich ganz bescheiden und unter den Bürgern.

Im südlichen Teil von Deutschland liegt das Städtchen Grünwiesel, wo ich geboren und erzogen bin. Es ist ein Städtchen, wie sie alle sind. In der Mitte ein kleiner Marktplatz mit einem Brunnen, an der Seite ein kleines, altes Rathaus, umher auf dem Markt das Haus des Friedensrichters und der angesehensten Kaufleute, und in ein paar engen Straßen wohnen die übrigen Menschen. Alles kennt sich, jedermann weiß, wie es da und dort zugeht, und wenn der Oberpfarrer, oder der Bürgermeister, oder der Arzt ein Gericht mehr auf der Tafel hat, so weiß es schon am Mittagessen die ganze Stadt. Nachmittags kommen dann die Frauen zueinander in die Visite, wie man es nennt, besprechen sich bei starkem Kaffee und süßem Kuchen über diese große Begebenheit, und der Schluß ist, daß der Oberpfarrer wahrscheinlich in die Lotterie gesetzt und unchristlich viel gewonnen habe, daß der Bürgermeister sich »schmieren« lasse, oder daß der Doktor vom Apotheker einige Goldstücke bekommen habe, um recht teure Rezepte zu verschreiben. Ihr könnt euch denken, Herr, wie unangenehm es für eine so wohleingerichtete Stadt, wie Grünwiesel, sein mußte, als ein Mann dorthin zog, von dem niemand wußte, woher er kam, was er wollte, von was er lebte? Der Bürgermeister hatte zwar seinen Paß gesehen, ein Papier, das bei uns jedermann haben muß –

»Ist es denn so unsicher auf den Straßen«, unterbrach den Sklaven der Scheik, »daß ihr einen Ferman eures Sultan haben müsset, um die Räuber in Respekt zu setzen?«

»Mein, Herr«, entgegnete jener, »diese Papiere halten keinen Dieb von uns ab, sondern es ist nur der Ordnung wegen, daß man überall weiß, wen man vor sich hat.« Nun, der Bürgermeister hatte den Paß untersucht, und in einer Kaffeegesellschaft bei Doktors geäußert, der Paß sei zwar ganz richtig visiert von Berlin bis nach Grünwiesel, aber es stecke doch was dahinter; denn der Mann sehe etwas verdächtig aus. Der Bürgermeister hatte das größte Ansehen in der Stadt, kein Wunder, daß von da an der Fremde als eine verdächtige Person angesehen wurde. Und sein Lebenswandel konnte meine Landsleute nicht von dieser Meinung abbringen. Der fremde Mann mietete sich für einige Goldstücke ein ganzes Haus, das bisher öde gestanden, ließ einen ganzen Wagen voll sonderbarer Gerätschaften, als Öfen, Kunstherde, große Tiegel und dergleichen hineinschaffen, und lebte von da an ganz für sich allein. Ja, er kochte sich sogar selbst, und es kam keine menschliche Seele in sein Haus, als ein alter Mann aus Grünwiesel, der ihm seine Einkäufe in Brot, Fleisch und Gemüse besorgen mußte; doch, auch dieser durfte nur in die Flur des Hauses kommen, und dort nahm der fremde Mann das Gekaufte in Empfang.

Ich war ein Knabe von zehen Jahren, als der Mann in meiner Vaterstadt einzog, und ich kann mir noch heute, als wäre es gestern geschehen, die Unruhe denken, die dieser Mann im Städtchen verursachte. Er kam nachmittags nicht, wie andere Männer, auf die Kugelbahn, er kam abends nicht ins Wirtshaus, um, wie die übrigen, bei einer Pfeife Tabak über die Zeitung zu sprechen. Umsonst lud ihn nach der Reihe der Bürgermeister, der Friedensrichter, der Doktor und der Oberpfarrer zum Essen oder Kaffee ein, er ließ sich immer entschuldigen. Daher hielten ihn einige für verrückt, andere für einen Juden, eine dritte Partie behauptete steif und fest, er sei ein Zauberer oder Hexenmeister. Ich wurde achtzehn, zwanzig Jahre alt, und noch immer hieß der Mann in der Stadt »der fremde Herr«.

Es begab sich aber eines Tages, daß Leute mit fremden Tieren in die Stadt kamen. Es ist dies hergelaufene Gesindel, das ein Kamel hat, welches sich verbeugen kann, einen Bären, der tanzt, einige Hunde und Affen, die in menschlichen Kleidern komisch genug aussehen und allerlei Künste machen. Diese Leute durchziehen gewöhnlich die Stadt, halten an den Kreuzstraßen und Plätzen, machen mit einer kleinen Trommel und einer Pfeife eine übeltönende Musik, lassen ihre Truppe tanzen und springen, und sammeln dann in den Häusern Geld ein. Die Truppe aber, die diesmal sich in Grünwiesel sehen ließ, zeichnete sich durch einen ungeheuren Orang-Utan aus, der beinahe Menschengröße hatte, auf zwei Beinen ging, und allerlei artige Künste zu machen verstand. Diese Hunds- und Affenkomödie kam auch vor das Haus des fremden Herrn; er erschien, als die Trommel und Pfeife ertönte, von Anfang ganz unwillig hinter den dunkeln, vom Alter angelaufenen Fenstern; bald aber wurde er freundlicher, schaute zu jedermanns Verwundern zum Fenster heraus, und lachte herzlich über die Künste des Orang-Utans; ja, er gab für den Spaß ein so großes Silberstück, daß die ganze Stadt davon sprach.

Am andern Morgen zog die Tierbande weiter; das Kamel mußte viele Körbe tragen, in welchen die Hunde und Affen ganz bequem saßen, die Tiertreiber aber und der große Affe gingen hinter dem Kamel. Kaum aber waren sie einige Stunden zum Tore hinaus, so schickte der fremde Herr auf die Post, verlangte zu großer Verwunderung des Postmeisters einen Wagen und Extrapost, und fuhr zu demselben Tor hinaus, den Weg hin, den die Tiere genommen hatten. Das ganze Städtchen ärgerte sich, daß man nicht erfahren konnte, wohin er gereist sei. Es war schon Nacht, als der fremde Herr wieder im Wagen vor dem Tor ankam; es saß aber noch eine Person im Wagen, die den Hut tief ins Gesicht gedrückt, und um Mund und Ohren ein seidenes Tuch gebunden hatte. Der Torschreiber hielt es für seine Pflicht, den andern Fremden anzureden und um seinen Paß zu bitten; er antwortete aber sehr grob indem er in einer ganz unverständlichen Sprache brummte.

»Es ist mein Neffe«, sagte der fremde Mann freundlich zum Torschreiber, indem er ihm einige Silbermünzen in die Hand drückte, »es ist mein Neffe, und versteht bis dato noch wenig Deutsch; er hat soeben in seiner Mundart ein wenig geflucht, daß wir hier aufgehalten werden.«

»Ei, wenn es Dero Neffe ist«, antwortete der Torschreiber, »so kann er wohl ohne Paß hereinkommen; er wird wohl ohne Zweifel bei Ihnen wohnen?«

»Allerdings«, sagte der Fremde; »und hält sich wahrscheinlich längere Zeit hier auf.«

Der Torschreiber hatte keine weitere Einwendung mehr, und der fremde Herr und sein Neffe fuhren ins

Städtchen. Der Bürgermeister und die ganze Stadt war übrigens nicht sehr zufrieden mit dem Torschreiber. Er hätte doch wenigstens einige Worte von der Sprache des Neffen sich merken sollen; daraus hätte man dann leicht erfahren, was für ein Landeskind er und der Herr Oncle wäre. Der Torschreiber versicherte aber, daß es weder französisch noch italienisch sei, wohl aber habe es so breit geklungen wie englisch, und wenn er nicht irre, so habe der junge Herr gesagt: »God damn!« So half der Torschreiber sich selbst aus der Not, und dem jungen Mann zu seinem Namen; denn man sprach jetzt nur von dem jungen Engländer im Städtchen.

Aber auch der junge Engländer wurde nicht sichtbar, weder auf der Kugelbahn, noch im Bierkeller; wohl aber gab er den Leuten auf andere Weise viel zu schaffen. – Es begab sich nämlich oft, daß in dem sonst so stillen Hause des Fremden ein schreckliches Geschrei und ein Lärm ausging, daß die Leute haufenweise vor dem Hause stehenblieben, und hinaufsahen. Man sah dann den jungen Engländer, angetan mit einem roten Frack und grünen Beinkleidern, mit struppigem Haar und schrecklicher Miene, unglaublich schnell an den Fenstern hin und her, durch alle Zimmer laufen; der alte Fremde lief ihm in einem roten Schlafrock, eine Hetzpeitsche in der Hand, nach, verfehlte ihn oft, aber einigemal kam es doch der Menge auf der Straße vor, als müsse er den Jungen erreicht haben; denn man hörte klägliche Angsttöne und klatschende Peitschenhiebe die Menge. An dieser grausamen Behandlung des fremden Mannes nahmen die Frauen des Städtchens so lebhaften Anteil, daß sie endlich den Bürgermeister bewogen, einen Schritt in der Sache zu tun. Er schrieb dem fremden Herrn ein Billett, worin er ihm die unglimpfliche Behandlung seines Neffen in ziemlich derben Ausdrücken vorwarf und ihm drohte, wenn noch ferner solche Szenen vorfielen, den jungen Mann unter seinen Schutz zu nehmen.

Wer war aber mehr erstaunt als der Bürgermeister, wie er den Fremden selbst, zum erstenmal seit zehn Jahren, bei sich eintreten sah. Der alte Herr entschuldigte sein Verfahren mit dem besonderen Auftrag der Eltern des Jünglings, die ihm solchen zu erziehen gegeben; er sei sonst ein kluger, anstelliger Junge, äußerte er, aber die Sprachen erlerne er sehr schwer; er wünsche so sehnlich, seinem Neffen das Deutsche recht geläufig beizubringen, um sich nachher die Freiheit zu nehmen, ihn in die Gesellschaften von Grünwiesel einzuführen, und dennoch gehe demselben diese Sprache so schwer ein, daß man oft nichts Besseres tun könne, als ihn gehörig durchzupeitschen. Der Bürgermeister fand sich durch diese Mitteilung völlig befriedigt, riet dem Alten zur Mäßigung, und erzählte abends im Bierkeller, daß er selten einen so unterrichteten, artigen Mann gefunden, als den Fremden. »Es ist nur schade«, setzte er hinzu, »daß er so wenig in Gesellschaft kommt; doch, ich denke, wenn der Neffe nur erst ein wenig Deutsch spricht, besucht er meine Cercles öfter.«

Durch diesen einzigen Vorfall war die Meinung des Städtchens völlig umgeändert. Man hielt den Fremden für einen artigen Mann, sehnte sich nach seiner näheren Bekanntschaft und fand es ganz in der Ordnung, wenn hie und da in dem öden Hause ein gräßliches Geschrei aufging. »Er gibt dem Neffen Unterricht in der deutschen Sprachlehre«, sagten die Grünwieseler, und blieben nicht mehr stehen. Nach einem Vierteljahr ungefähr schien der Unterricht im Deutschen beendigt; denn der Alte ging jetzt um eine Stufe weiter vor. Es lebte ein alter, gebrechlicher Franzose in der Stadt, der den jungen Leuten Unterricht im Tanzen gab; diesen ließ der Fremde zu sich rufen, und sagte ihm, daß er seinen Neffen im Tanzen unterrichten lassen wolle. Er gab ihm zu verstehen, daß derselbe zwar sehr gelehrig, aber, was das Tanzen betreffe, etwas eigensinnig sei; er habe nämlich früher bei einem anderen Meister tanzen gelernt, und zwar nach so sonderbaren Touren, daß er sich nicht füglich in der Gesellschaft produzieren könne; der Neffe halte sich aber eben deswegen für einen großen Tänzer, obgleich sein Tanz nicht die entfernteste Ähnlichkeit mit Walzer oder Galopp (Tänze, die man in meinem Vaterlande tanzt, o Herr!), nicht einmal Ähnlichkeit mit Ekossaise oder Française habe. Er versprach übrigens einen Taler für die Stunde, und der Tanzmeister war mit Vergnügen bereit, den Unterricht des eigensinnigen Zöglings zu übernehmen.

Es gab, wie der Franzose unterderhand versicherte,

auf der Welt nichts so Sonderbares als diese Tanzstunden. Der Neffe, ein ziemlich großer, schlanker, junger Mann, der nur etwas sehr kurze Beine hatte, erschien in einem roten Frack, schön frisiert, in grünen, weiten Beinkleidern und glacierten Handschuhen. Er sprach wenig und mit fremdem Accent, war von Anfang ziemlich artig und anstellig; dann verfiel er aber oft plötzlich in fratzenhafte Sprünge, tanzte die kühnsten Touren, wobei er Entrechats machte, daß dem Tanzmeister Hören und Sehen verging; wollte er ihn zurechtweisen, so zog er die zierlichen Tanzschuhe von den Füßen, warf sie dem Franzosen an den Kopf, und setzte nun auf allen vieren im Zimmer umher. Bei diesem Lärm fuhr dann der alte Herr plötzlich in einem weiten roten Schlafrock, eine Mütze von Goldpapier auf dem Kopf, aus seinem Zimmer heraus, und ließ die Netzpeitsche ziemlich unsanft auf den Rücken des Neffen niederfallen. Der Neffe fing dann an schrecklich zu heulen, sprang auf Tische und hohe Kommoden, ja selbst an den Kreuzstöcken der Fenster hinauf, und sprach eine fremde seltsame Sprache. Der Alte im roten Schlafrock aber ließ sich nicht irremachen, faßte ihn am Bein, riß ihn herab, bleute ihn durch, und zog ihm mittelst einer Schnalle die Halsbinde fester an, worauf er immer wieder artig und manierlich wurde und die Tanzstunde ohne Störung weiterging.

Als aber der Tanzmeister seinen Zögling so weit gebracht hatte, daß man Musik zu der Stunde nehmen konnte, da war der Neffe wie umgewandelt. Ein Stadtmusikant wurde gemietet, der im Saal des öden Hauses auf einem Tisch sich setzen mußte. Der Tanzmeister stellten dann die Dame vor, indem ihn der alte Herr einen Frauenrock von Seide und einen ostindischen Shawl anziehen ließ; der Neffe forderte ihn auf, und fing nun an mit ihm zu tanzen und zu walzen; er war aber ein unermüdlicher, rasender Tänzer, er ließ den Meister nicht aus seinen langen Armen, ob er ächzte und schrie, er mußte tanzen bis er ermattet umsank, oder bis dem Stadtmusikus der Arm lahm wurde an der Geige. Den Tanzmeister brachten diese Unterrichtsstunden beinahe unter den Boden, aber der Taler, den er jedesmal richtig ausbezahlt bekam, der gute Wein, den der Alte aufwartete, machten, daß er immer wiederkam, wenn er auch den Tag zuvor sich festvorgenommen hatte, nicht mehr in das öde Haus zu gehen.

Die Leute in Grünwiesel sahen aber die Sache ganz anders an als der Franzose. Sie fanden, daß der junge Mann viele Anlage zum Gesellschaftlichen habe, und die Frauenzimmer im Städtchen freuten sich, bei dem großen Mangel an Herren, einen so flinken Tänzer für den nächsten Winter zu bekommen.

Eines Morgens berichteten die Mägde, die vom Markte heimkehrten, ihren Herrschaften ein wunderbares Ereignis. Vor dem öden Hause sei ein prächtiger Glaswagen gestanden, mit schönen Pferden bespannt, und ein Bedienter in reicher Livree habe den Schlag gehalten. Da sei die Türe des öden Hauses aufgegangen, und zwei schön gekleidete Herren herausgetreten, wovon der eine der alte Fremde, und der andere wahrscheinlich der junge Herr gewesen, der so schwer Deutsch gelernt, und so rasend tanze. Die beiden seien in den Wagen gestiegen, der Bediente hinten aufs Brett gesprungen, und der Wagen, man stelle sich vor! sei geradezu auf Bürgermeisters Haus zugefahren.

Als die Frauen solches von ihren Mägden erzählen hörten, rissen sie eilends die Küchenschürzen und die etwas unsauberen Hauben ab, und versetzten sich in Staat. »Es ist nichts gewisser«, sagten sie zu ihrer Familie, indem alles umherrannte, um das Besuchzimmer, das zugleich zu sonstigem Gebrauch diente, aufzuräumen, »es ist nichts gewisser, als daß der Fremde jetzt seinen Neffen in die Welt einführt. Der alte Narr war zwar seit zehen Jahren nicht so artig, einen Fuß in unser Haus zu setzen, aber es sei ihm wegen des Neffen verziehen, der ein charmanter Mensch sein soll.« So sprachen sie, und ermahnten ihre Söhne und Töchter, recht manierlich auszusehen, wenn die Fremden kämen, sich gerade zu halten, und sich auch einer besseren Aussprache zu bedienen als gewöhnlich. Und die klugen Frauen im Städtchen hatten nicht unrecht geraten; denn nach der Reihe fuhr der alte Herr mit seinem Neffen umher, sich und ihn in die Gewogenheit der Familien zu empfehlen.

Man war überall ganz erfüllt von den beiden Fremden, und bedauerte, nicht schon früher diese angenehme Bekanntschaft gemacht zu haben. Der alte Herr zeigte sich als einen würdigen, sehr vernünftigen Mann, der zwar bei allem, was er sagte, ein wenig lächelte, so daß man nicht gewiß war, ob es ihm ernst sei oder nicht, aber er sprach über das Wetter, über die Gegend, über das Sommervergnügen auf dem Keller am Berge so klug und durchdacht, daß jedermann davon bezaubert war. Aber der Neffe! Er bezauberte alles, er gewann alle Herzen für sich. Man konnte zwar, was sein Äußeres betraf, sein Gesicht nicht schön nennen; der untere Teil, besonders die Kinnlade, stand allzusehr hervor, und der Teint war sehr bräunlich, auch machte er zuweilen allerlei sonderbare Grimassen, drückte die Augen zu und fletschte mit den Zähnen; aber dennoch fand man den Schnitt seiner Züge ungemein interessant. Es konnte nichts Beweglicheres, Gewandteres geben als seine Gestalt. Die Kleider hingen ihm zwar etwas sonderbar am Leib, aber es stand ihm alles trefflich; er fuhr mit großer Lebendigkeit im Zimmer umher, warf sich hier in einem Sofa, dort in einen Lederstuhl, und streckte die Beine von sich; aber was man bei einem andern jungen Mann höchst gemein und unschicklich gefunden hätte, galt bei dem Neffen für Genialität. »Er ist ein Engländer«, sagte man, »so sind sie alle; ein Engländer kann sich aufs Kanapee legen und einschlafen, während zehen Damen keinen Platz haben und umherstehen müssen, einem Engländer kann man so etwas nicht übelnehmen.« Gegen den alten Herrn, seinen Oheim, war er sehr fügsam;

denn wenn er anfing, im Zimmer umherzuhüpfen, oder, wie er gerne tat, die Füße auf den Sessel hinaufzuziehen, so reichte ein ernsthafter Blick hin, ihn zur Ordnung zu bringen. Und wie konnte man ihm so etwas übelnehmen, als vollends der Oncle in jedem Haus zu der Dame sagte: »Mein Neffe ist noch ein wenig roh und ungebildet, aber ich verspreche mir viel von der Gesellschaft, die wird ihn gehörig formen und bilden, und ich empfehle ihn namentlich Ihnen aufs angelegenste.«

So war der Neffe also in die Welt eingeführt, und ganz Grünwiesel sprach an diesem und den folgenden Tagen von nichts anderem als von diesem Ereignis. Der alte Herr blieb aber hierbei nicht stehen; er schien seine Denk- und Lebensart gänzlich geändert zu haben. Nachmittags ging er mit dem Neffen hinaus in den Felsenkeller am Berge, wo die vornehmeren Herren von Grünwiesel Bier tranken, und sich am Kugelschieben ergötzten. Der Neffe zeigte sich dort als einen flinken Meister im Spiel; denn er warf nie unter fünf oder sechs; hie und da schien zwar ein sonderbarer Geist über ihn zu kommen; es konnte ihm einfallen, daß er pfeilschnell mit der Kugel hinaus- und unter die Kegel hineinfuhr, und dort allerhand tollen Rumor anrichtete, oder, wenn er den Kranz oder den König geworfen, stand er plötzlich auf seinem schön frisierten Haar und streckte die Beine in die Höhe, oder wenn ein Wagen vorbeifuhr, saß er, ehe man sich dessen versah, oben auf dem Kutschenhimmel und machte Grimassen herab, fuhr ein Stückchen weit mit, und kam dann wieder zur Gesellschaft gesprungen.

Der alte Herr pflegte dann bei solchen Szenen den Bürgermeister und die anderen Männer sehr um Entschuldigung zu bitten wegen der Ungezogenheit seines Neffen; sie aber lachten, schrieben es seiner Jugend zu, behaupteten, in diesem Alter selbst so leichtfüßig gewesen zu sein, und liebten den jungen Springinsfeld, wie sie ihn nannten, ungemein.

Es gab aber auch Zeiten, wo sie sich nicht wenig über ihn ärgerten, und dennoch nichts zu sagen wagten, weil der junge Engländer allgemein als ein Muster von Bildung und Verstand galt. Der alte Herr pflegte nämlich mit seinem Neffen auch abends in den Goldenen Hirsch, das Wirtshaus des Städtchens, zu kommen. Obgleich der Neffe noch ein ganz junger Mensch war, tat er doch schon ganz wie ein Alter, setzte sich hinter sein Glas, tat eine ungeheure Brille auf, zog eine gewaltige Pfeife heraus, zündete sie an und dampfte unter allen am ärgsten. Wurde nun über die Zeitungen, über Krieg und Frieden gesprochen, gab der Doktor die Meinung, der Bürgermeister jene, waren die anderen Herren ganz erstaunt über so tiefe politische Kenntnisse, so konnte es dem Neffen plötzlich einfallen, ganz anderer Meinung zu sein; er schlug dann mit der Hand, von welcher er nie die Handschuhe ablegte, auf den Tisch, und gab dem Bürgermeister und dem Doktor nicht undeutlich zu verstehen, daß sie von diesem allem nichts genau wüßten, daß er diese Sachen ganz anders gehört habe und tiefere Einsicht besitze. Er gab dann in einem sonderbaren gebrochenen Deutsch seine Meinung preis, die alle, zum großen Ärgernis des Bürgermeisters, ganz trefflich fanden; denn er mußte als Engländer natürlich alles besser wissen.

Setzten sich dann der Bürgermeister und der Doktor in ihrem Zorn, den sie nicht laut werden lassen durften, zu einer Partie Schach, so rückte der Neffe hinzu, schaute dem Bürgermeister mit seiner großen Brille über die Schulter herein und tadelte diesen oder jenen Zug, sagte dem Doktor, so und so müsse er ziehen, so daß beide Männer heimlich ganz grimmig wurden. Bot ihm dann der Bürgermeister ärgerlich eine Partie an, um ihn gehörig matt zu machen, denn er hielt sich für einen zweiten Philidor, so schnallte der alte Herr dem Neffen die Halsbinde fester zu, worauf dieser ganz artig und manierlich wurde, und den Bürgermeister matt machte.

Man hatte bisher in Grünwiesel beinahe jeden Abend Karten gespielt, die Partie um einen halben Kreuzer; das fand nun der Neffe erbärmlich; setzte Kronentaler und Dukaten, behauptete, kein einziger spiele so fein wie er, söhnte aber die beleidigten Herrn gewöhnlich dadurch wieder aus, daß er ungeheure Summen an sie verlor. Sie machten sich auch gar kein Gewissen daraus, ihm recht viel Geld abzunehmen; denn »er ist ja ein Engländer, also von Hause aus reich«, sagten sie, und schoben die Dukaten in die Tasche.

So kam der Neffe des fremden Herrn in kurzer Zeit bei Stadt und Umgegend in ungemeines Ansehen. Man konnte sich seit Menschengedenken nicht erinnern, einen jungen Mann dieser Art in Grünwiesel gesehen zu haben, und es war die sonderbarste Erscheinung, die man je bemerkt. Man konnte nicht sagen, daß der Neffe irgend etwas gelernt hätte, als etwa tanzen. Latein und Griechisch waren ihm, wie man zu sagen pflegt, böhmische Dörfer. Bei einem Gesellschaftsspiel in Bürgermeisters Hause sollte er etwas schreiben, und es fand sich, daß er nicht einmal seinen Namen schreiben konnte; in der Geographie machte er die auffallendsten Schnitzer; denn es kam ihm nicht darauf an, eine deutsche Stadt nach Frankreich, oder eine dänische nach Polen zu versetzen, er hatte nichts gelesen, nichts studiert, und der Oberpfarrer schüttelte oft bedenklich den Kopf über die rohe Unwissenheit des jungen Mannes; aber dennoch fand man alles trefflich, was er tat oder sagte; denn er war so unverschämt, immer recht haben zu wollen, und das Ende jeder seiner Reden war: »Ich verstehe das besser.«

So kam der Winter heran, und jetzt erst trat der Neffe mit noch größerer Glorie auf. Man fand jede Gesellschaft langweilig, wo nicht er zugegen war, man gähnte, wenn ein vernünftiger Mann etwas sagte, wenn aber der Neffe selbst das törichste Zeug in schlechtem Deutsch vorbrachte, war alles Ohr. Es fand sich jetzt, daß der trefflich junge Mann auch ein Dichter war; denn nicht leicht verging ein Abend, an welchem er nicht einiges Papier aus der Tasche zog und der Gesellschaft einige Sonette vorlas. Es gab zwar einige Leute, die von dem einen Teil dieser Dichtungen behaupteten, sie seien schlecht und ohne Sinn, einen andern Teil wollten sie schon irgendwo gedruckt gelesen haben; aber der Neffe ließ sich nicht irremachen, er las und las, machte dann auf die Schönheit seiner Verse aufmerksam, und jedesmal erfolgte rauschender Beifall.

Sein Triumph waren aber die Grünwieseler Bälle. Es konnte niemand anhaltender, schneller tanzen als er, keiner machte so kühne und ungemein zierliche Sprünge wie er. Dabei kleidete ihn sein Oncle immer aufs prächtigste nach dem neuesten Geschmack, und obgleich ihm die Kleider nicht recht am Leib sitzen wollten, fand man dennoch, daß ihn alles allerliebst kleide. Die Männer fanden sich zwar bei diesen Tänzen etwas beleidigt durch die neue Art, womit er auftrat. Sonst hatte immer der Bürgermeister in eigener Person den Ball eröffnet, die vornehmsten jungen Leute hatten das Recht, die übrigen Tänze anzuordnen, aber seit der fremde junge Herr erschien, war dies alles ganz anders. Ohne viel zu fragen nahm er die nächste beste Dame bei der Hand, stellte sich mit ihr obenan, machte alles, wie es ihm gefiel, und war Herr und Meister und Ballkönig. Weil aber die Frauen diese Manieren ganz trefflich und angenehm fanden, so durften die Männer nichts dagegen einwenden, und der Neffe blieb bei seiner selbstgewählten Würde.

Das größte Vergnügen schien ein solcher Ball dem alten Herrn zu gewähren; er verwandte kein Auge von seinem Neffen, lächelte immer in sich hinein, und wenn alle Welt herbeiströmte, um ihm über den anständigen, wohlerzogenen Jüngling Lobsprüche zu erteilen, so konnte er sich vor Freude gar nicht fassen, er brach dann in ein lustiges Gelächter aus, und bezeugte sich wie närrisch; die Grünwieseler schrieben diese sonderbaren Ausbrüche der Freude seiner großen Liebe zu dem Neffen zu, und fanden es ganz in der Ordnung. Doch hie und da mußte er auch sein väterliches Ansehen gegen den Neffen anwenden. Denn mitten in den zierlichsten Tänzen konnte es dem jungen Mann einfallen, mit einem kühnen Sprung auf die Tribüne, wo die Stadtmusikanten saßen, zu setzen, dem Organisten den Contrebaß aus der Hand zu reißen, und schrecklich darauf herumzukratzen; oder er wechselte auf einmal, und tanzte auf den Händen, indem er die Beine in die Höhe streckte. Dann pflegte ihn der Oncle auf die Seite zu nehmen, machte ihm dort ernstliche Vorwürfe und zog ihm die Halsbinde fester an, daß er wieder ganz gesittet wurde.

So betrug sich nun der Neffe in Gesellschaft und auf Bällen. Wie es aber mit den Sitten zu geschehen pflegt, die schlechten verbreiten sich immer leichter als die guten, und eine neue, auffallende Mode, wenn sie auch höchst lächerlich sein sollte, hat etwas Ansteckendes an sich für junge Leute, die noch nicht über sich selbst und die Welt nachgedacht haben. So war es auch in Grünwiesel mit dem Neffen und seinen sonderbaren Sitten. Als nämlich die junge Welt sah, wie derselbe mit seinem linkischen Wesen, mit seinem rohen Lachen und Schwatzen, mit seinen groben Antworten gegen Ältere, eher geschätzt als getadelt werde, daß man dies alles sogar sehr geistreich finde, so dachten sie bei sich: Es ist mir ein leichtes, auch solch ein geistreicher Schlingel zu werden. Sie waren sonst fleißige, geschickte junge Leute gewesen; jetzt dachten sie: Zu was hilft Gelehrsamkeit, wenn man mit Unwissenheit besser fortkömmt; sie ließen die Bücher liegen, und trieben sich überall umher auf Plätzen und Straßen. Sonst waren sie artig gewesen und höflich anständig und bescheiden geantwortet; jetzt standen sie in die Reihe der Männer, schwatzten mit, gaben ihre Meinung preis, und lachten selbst dem Bürgermeister unter die Nase, wenn er etwas sagte und behaupteten, alles viel besser zu wissen.

Sonst hatten die jungen Grünwieseler Abscheu gehegt gegen rohes und gemeines Wesen. Jetzt sangen sie allerlei schlechte Lieder, rauchten aus ungeheuren Pfeifen Tabak, und trieben sich in gemeinen Kneipen umher; auch kauften sie sich, obgleich sie ganz gut sahen, große Brillen, setzten solche auf die Nase, und glaubten nun gemachte Leute zu sein; denn sie sahen ja aus wie der berühmte Neffe. Zu Hause, oder wenn sie auf Besuch waren, lagen sie mit Stiefel und Sporen aufs Kanapee, schaukelten sich auf dem Stuhl in guter Gesellschaft, oder stützten die Wangen in beide Fäuste, der Ellbogen aber auf den Tisch, was nun überaus reizend anzusehen war. Umsonst sagten ihnen ihre Mütter und Freunde, wie töricht, wie unschicklich dies alles sei, sie beriefen sich auf das glänzende Beispiel des Neffen. Umsonst stellte man ihnen vor, daß man dem Neffen, als einem jungen Engländer, eine gewisse Nationalroheit verzeihen müsse, die jungen Grünwieseler behaupteten, ebensogut als der beste Engländer das Recht zu haben, auf geistreiche Weise ungezogen zu sein; kurz, es war ein Jammer, wie durch das böse Beispiel des Neffen die Sitten und guten Gewohnheiten in Grünwiesel völlig untergingen.

Aber die Freude der jungen Leute an ihrem rohen, ungebundenen Leben dauerte nicht lange; denn folgender Vorfall veränderte auf einmal die ganze Szene. Die Wintervergnügungen sollte ein großes Konzert beschließen, das teils von den Stadtmusikanten, teils von geschickten Musikfreunden in Grünwiesel aufgeführt werden sollte. Der Bürgermeister spielte das Violoncell, der Doktor das Fagott ganz vortrefflich, der Apotheker, obgleich er keinen rechten Ansatz hatte, blies die Flöte, einige Jungfrauen aus Grünwiesel hatten Arien einstudiert, und alles war trefflich vorbereitet. Da äußerte der alte Fremde, daß zwar das Konzert auf diese Art trefflich werden würde, es fehle aber offenbar an einem Duett, und ein Duett müsse in jedem ordentlichen Konzert notwendigerweise vorkommen. Man war etwas betreten über diese Äußerung; die Tochter des Bürgermeisters sang zwar wie eine Nachtigall, aber wo einen Herrn herbekommen, der mit ihr ein Duett singen könnte? Man wollte endlich auf den alten Organisten verfallen, der einst einen trefflichen Baß gesungen hatte: Der Fremde aber behauptete, dies alles sei nicht nötig, indem sein Neffe ganz ausgezeichnet singe. Man war nicht wenig erstaunt über diese neue treffliche Eigenschaft des jungen Mannes; er mußte zur Probe etwas singen, und einige sonderbare Manieren abgerechnet, die man für englisch hielt, sang er wie ein Engel. Man studierte also in aller Eile das Duett ein, und der Abend erschien endlich, an welchem die Ohren die Grünwieseler durch das Konzert erquickt werden sollten.

Der alte Fremde konnte leider dem Triumph seines Neffen nicht beiwohnen, weil er krank war; er gab aber dem Bürgermeister, der ihn eine Stunde zuvor noch besuchte, einige Maßregeln über seinen Neffen auf: »Es ist eine gute Seele, mein Neffe«, sagt er, »aber hie und da verfällt er in allerlei sonderbare Gedanken und fängt dann tolles Zeug an; es ist mir eben deswegen leid, daß ich dem Konzert nicht beiwohnen kann; denn vor mir nimmt er sich gewaltig in acht, er weiß wohl warum! Ich muß übrigens zu seiner Ehre sagen, daß dies nicht geistiger Mutwillen ist, sondern es ist körperlich, es liegt in seiner ganzen Natur; wollten Sie nun, Herr Bürgermeister, wenn er etwa in solche Gedanken verfiele, daß er sich auf ein Notenpult setzte, oder daß er durchaus den Contrebaß streichen wollte oder dergleichen, wollten Sie ihm dann nur seine hohe Halsbinde etwas lockerer machen, oder, wenn es auch dann nicht besser wird, ihm solche ganz ausziehen, Sie werden sehen, wie artig und manierlich er dann wird.«

Der Bürgermeister dankte dem Kranken für sein Zutrauen und versprach, im Fall der Not also zu tun, wie er ihm geraten.

Der Konzertsaal war gedrängt voll; denn ganz Grünwiesel und die Umgegend hatte sich eingefunden. Alle Jäger, Pfarrer, Amtleute, Landwirte und dergleichen aus dem Umkreis von drei Stunden waren mit zahlreicher Familie herbeigeströmt, um den seltenen Genuß mit den Grünwieselern zu teilen. Die Stadtmusikanten hielten sich vortrefflich, nach ihnen trat der Bürgermeister auf, der das Violoncell spielte, begleitet vom Apotheker, der die Flöte blies; nach diesen sang der Organist eine Baßarie mit allgemeinem Beifall, und auch der Doktor wurde nicht wenig beklatscht, als er auf dem Fagott sich hören ließ.

Die erste Abteilung des Konzertes war vorbei, und jedermann war nun auf die zweite gespannt, in welcher der junge Fremde mit des Bürgermeisters Tochter ein

Duett vortragen sollte. Der Neffe war in einem glänzenden Anzug erschienen, und hatte schon längst die Aufmerksamkeit aller Anwesenden auf sich gezogen. Er hatte sich nämlich, ohne viel zu fragen, in den prächtigen Lehnstuhl gelegt, der für eine Gräfin aus der Nachbarschaft hergesetzt worden war; er streckte die Beine weit von sich, schaute jedermann durch ein ungeheures Perspektiv an, das er noch außer seiner großen Brille gebrauchte, und spielte mit einem großen Fleischerhund, den er, trotz des Verbotes, Hunde mitzunehmen, in die Gesellschaft eingeführt hatte. Die Gräfin, für welche der Lehnstuhl bereitet war, erschien, aber wer keine Miene machte, aufzustehen und ihr den Platz einzuräumen, war der Neffe; er setzte sich im Gegenteil noch bequemer hinein, und niemand wagte es, dem jungen Mann etwas darüber zu sagen; die vornehme Dame aber mußte auf einem ganz gemeinen Strohsessel mitten unter die übrigen Frauen des Städtchens sitzen, und soll sich nicht wenig geärgert haben.

Während des herrlichen Spieles des Bürgermeisters, während des Organisten trefflicher Baßarie, ja sogar während der Doktor auf dem Fagott phantasierte, und alles den Atem anhielt und lauschte, ließ der Neffe den Hund das Schnupftuch apportieren, oder schwatzte ganz laut mit seinen Nachbarn, so daß jedermann, der ihn nicht kannte, über die absonderlichen Sitten des jungen Herrn sich wunderte.

Kein Wunder daher, daß alles sehr begierig war, wie

er sein Duett vortragen würde; die zweite Abteilung begann; die Stadtmusikanten hatten etwas weniges aufgespielt, und nun trat der Bürgermeister mit seiner Tochter zu dem jungen Mann, überreichte ihm ein Notenblatt und sprach: »Mosjöh! wäre es Ihnen jetzt gefällig, das Duetto zu singen?« Der junge Mann lachte, fletschte mit den Zähnen, sprang auf, und die beiden andern folgten ihm an das Notenpult, und die ganze Gesellschaft war voll Erwartung. Der Organist schlug den Takt und winkte dem Neffen, anzufangen. Dieser schaute durch seine großen Brillengläser in die Noten und stieß greuliche, jämmerliche Töne aus. Der Organist aber schrie ihm zu: »Zwei Töne tiefer, Wertester, C müssen Sie singen, C!«

Statt aber C zu singen, zog der Neffe einen seiner Schuhe ab, und warf ihn dem Organisten an den Kopf, daß der Puder weit umherflog. Als dies der Bürgermeister sah, dachte er: Ha! jetzt hat er wieder seine körperlichen Zufälle, sprang hinzu, packte ihn am Hals und band ihm das Tuch etwas leichter; aber dadurch wurde es nur noch schlimmer mit dem jungen Mann; er sprach nicht mehr Deutsch, sondern eine ganz sonderbare Sprache, die niemand verstand, und machte große Sprünge; der Bürgermeister war in Verzweiflung über diese unangenehme Störung, er faßte daher den Entschluß, dem jungen Mann, dem etwas ganz Besonderes zugestoßen sein mußte, das Halstuch vollends abzulösen. Aber kaum hatte er dies getan, so blieb er vor

Schrecken wie erstarrt stehen; denn statt menschlicher Haut und Farbe umgab den Hals des jungen Menschen ein dunkelbraunes Fell, und alsobald setzte derselbe auch seine Sprünge noch höher und sonderbarer fort, fuhr sich mit den glacierten Handschuhen in die Haare, zog diese ab, und, o Wunder! diese schönen Haare waren eine Perücke, die er dem Bürgermeister ins Gesicht warf, und sein Kopf erschien jetzt mit demselben braunen Fell bewachsen.

Er setzte über Tische und Bänke, warf die Notenpulte um, zertrat Geigen und Klarinette, und erschien wie ein Rasender. »Fangt ihn, fangt ihn«, rief der Bürgermeister ganz außer sich, »er ist von Sinnen, fangt ihn.« Das war aber eine schwierige Sache, denn er hatte die Handschuhe abgezogen und zeigte Nägel an den Händen, mit welchen er den Leuten ins Gesicht fuhr und sie jämmerlich kratzte. Endlich gelang es einem mutigen Jäger, seiner habhaft zu werden; er preßte ihm die langen Arme zusammen, daß er nur noch mit den Füßen zappelte, und mit heiserer Stimme lachte und schrie. Die Leute sammelten sich umher, und betrachteten den sonderbaren jungen Herrn, der jetzt gar nicht mehr aussah wie ein Mensch; aber ein gelehrter Herr aus der Nachbarschaft, der ein großes Naturalienkabinett und allerlei ausgestopfte Tiere besaß, trat näher, betrachtete ihn genau, und rief dann voll Verwunderung: »Mein Gott, verehrte Herren und Damen, wie bringen Sie nur dies Tier in honette Gesellschaft, das ist ja ein Affe, der

Homo Troglodytes Linnaei, ich gebe sogleich sechs Taler für ihn, wenn Sie mir ihn ablassen, und bälge ihn aus für mein Kabinett.«

Wer beschreibt das Erstaunen der Grünwieseler, als sie dies hörten! »Was, ein Affe? ein Orang-Utan in unserer Gesellschaft? Der junge Fremde ein ganz gewöhnlicher Affe?« riefen sie, und sahen einander ganz dumm vor Verwunderung an. Man wollte nicht glauben, man traute seinen Ohren nicht, die Männer untersuchten das Tier genauer, aber es war und blieb ein ganz natürlicher Affe.

»Aber wie ist dies möglich!« rief die Frau Bürgermeisterin, »hat er mir nicht oft seine Gedichte vorgelesen? hat er nicht, wie ein anderer Mensch, bei mir zu Mittag gespeist?«

»Was?« eiferte die Frau Doktorin; »wie? hat er nicht oft und viel den Kaffee bei mir getrunken, und mit meinem Mann gelehrt gesprochen und geraucht?«

»Wie! ist es möglich!« riefen die Männer; »hat er nicht mit uns am Felsenkeller Kugeln geschoben und über Politik gestritten, wie unsereiner?«

»Und wie?« klagten sie alle, »hat er nicht sogar vorgetanzt auf unsern Bällen? Ein Affe! ein Affe? es ist ein Wunder, es ist Zauberei!«

»Ja, es ist Zauberei und teuflischer Spuk«, sagte der Bürgermeister, indem er das Halstuch des Neffen oder Affen herbeibrachte; »seht, in diesem Tuch streckte der ganze Zauber, der ihn in unsern Augen liebenswürdig machte; da ist ein breiter Streifen elastischen Pergaments, mit allerlei wunderlichen Zeichen beschrieben; ich glaube gar, es ist Lateinisch; kann es niemand lesen?«

Der Oberpfarrer, ein gelehrter Mann, der oft an den Affen eine Partie Schach verloren hatte, trat hinzu, betrachtete das Pergament und sprach: »Mitnichten! es sind nur lateinische Buchstaben, es heißt:

›Der . Affe . sehr . possierlich . ist .
Zumal . wenn . er . vom . Apfel . frißt.‹

Ja, ja, es ist höllischer Betrug, eine Art von Zauberei«, fuhr er fort, »und es muß exemplarisch bestraft werden.«

Der Bürgermeister war derselben Meinung, und machte sich sogleich auf den Weg zu dem Fremden, der ein Zauberer sein mußte, und sechs Stadtsoldaten trugen den Affen; denn der Fremde sollte sogleich ins Verhör genommen werden.

Sie kamen, umgeben von einer ungeheuren Anzahl Menschen, an das öde Haus; denn jedermann wollte sehen, wie sich die Sache weiter begeben würde. Man pochte an das Haus, man zog die Glocke, aber vergeblich, es zeigte sich niemand. Da ließ der Bürgermeister in seiner Wut die Türe einschlagen, und begab sich hierauf in die Zimmer des Fremden. Aber dort war nichts zu sehen als allerlei alter Hausrat; der fremde Mann war nicht zu finden. Auf seinem Arbeitstisch aber lag ein großer versiegelter Brief, an den Bürgermeister überschrieben, den dieser auch sogleich öffnete. Er las:

»Meine lieben Grünwieseler!

Wenn Ihr dies liest, bin ich nicht mehr in eurem Städtchen, und Ihr werdet dann längst erfahren haben, wes Standes und Vaterlandes mein lieber Neffe ist. Nehmet den Scherz, den ich mir mit euch erlaubte, als eine gute Lehr auf, einen Fremden, der für sich leben will, nicht in eure Gesellschaft zu nötigen. Ich selbst fühle mich zu gut, um euer ewiges Klatschen, um eure schlechten Sitten und euer lächerliches Wesen zu teilen. Darum erzog ich einen jungen Orang-Utan, den Ihr, als meinen Stellvertreter, so liebgewonnen habt. Lebet wohl und benützet diese Lehre nach Kräften.«

Die Grünwieseler schämten sich nicht wenig vor dem ganzen Land; ihr Trost war, daß dies alles mit unnatürlichen Dingen zugegangen sei. Am meisten schämten sich aber die jungen Leute in Grünwiesel, weil sie die schlechten Gewohnheiten und Sitten des Affen nachgeahmt hatten. Sie stemmten von jetzt an keinen Ellbogen mehr auf, sie schaukelten nicht mit dem Sessel, sie schwiegen, bis sie gefragt wurden, sie legten die Brillen ab, und waren artig und gesittet wie zuvor; und wenn je einer wieder in solche schlechte, lächerliche Sitten verfiel, so sagten die Grünwieseler: »Es ist ein Affe.« Der

Wilhelm Hauff

Affe aber, welcher so lange die Rolle eines jungen Herrn gespielt hatte, wurde dem gelehrten Mann, der ein Naturalienkabinett besaß, überantwortet; dieser läßt ihn in seinem Hof umhergehen, füttert ihn, und zeigt ihn als Seltenheit jedem Fremden, wo er noch bis auf den heutigen Tag zu sehen ist.

GEORG LENTZ
Die Winsch

Für Wochenenden und Ferien hatten sie ein altes Haus mit Schilfdach gemietet, in einem kleinen Ort, der sich zwischen Neusiedler See und dem Leithagebirge duckte, nur eine knappe Autostunde von Wien entfernt. Bald formierte sich dort eine Kumpanei, deren Kern wie die Crew eines Brandungsbootes zusammenhielt: Ernesto mit seinem Segelboot, das er von Podersdorf an den neuen Pier verholte, Bül-Bül, verkrachter Doktor der Philosophie und leidenschaftlicher Geschichten-Erzähler, und Otto der Gewaltige, der einmal im Morgengrauen vierzehn Spiegeleier verschlang. Alle nannten sie die drei Musketiere. Im Schlepptau reisten stets ein paar hübsche Mädchen mit an, von den Musketieren mit der verallgemeinernden Bezeichnung »Schnurzel« belegt. Es waren fast immer wieder neue Mädchen, nur zwei hielten sich und kamen öfter: Der »Honigtopf«, ein blondes Geschöpf, das anmutig die Panflöte blies, und ein schwarzhaariges, sehr dickes Mädchen, die »Türkin« genannt. Ernesto hatte den Honigtopf mitgeschleppt. Die Türkin hatten Bül-Bül und Otto bei ihrem Onkel aufgegabelt (jedenfalls behauptete sie, daß es ihr Onkel sei). Der Onkel, ein »wahrscheinlich echter Graf« wie Bül-Bül meinte, bewohnte eine düstere Zwanzig-Zimmer-Wohnung am Wiener Heumarkt. Bis die Türkin ihr Lager dort aufschlug, war sein einziger Lebensgefährte ein listiger Jagdhund, der es liebte, an die Stilmöbel zu pinkeln. Als Abwehrmaßnahme hatte Onkelchen Tabletts und Bretter aus Bücherregalen schräg an die Möbelbeine gelehnt, und er genoß das große Glück, daß der Hund diese Faschinen annahm.

Der Graf kam nie mit zum Neusiedler See, was gut war, denn es hätte ihm kaum gefallen, was seine echte oder vorgebliche Nichte dort trieb. Bül-Bül stellte sie gerne zur Schau, »so ein herrlich festes Schnurzel«, wie er sagte, und hatte es gerne, wenn Besucher das pralle Mädchen betasteten, wie eine reife Melone auf dem Markt.

Die Wochenenden begannen damit, daß sie zu ihrem Nachbar, dem »Salzerrudi«, in den Keller stiegen, um sich einen Fünfzig-Liter-Ballon mit Wein füllen zu lassen. In Salzerrudis Keller lagerten zwölf oder vierzehn Fässer, und es war schwer, eine Entscheidung zu treffen, welcher Wein zu diesem speziellen Wochenende paßte. So probierten sie die Fässer eines nach dem anderen durch. Rudi stieg mit dem Gummischlauch auf die Fässer und »ließ laufen«. Er bestand darauf, daß die Schnurzeln auch im Keller blieben, von Bül-Bül durch ermunternde Zurufe wie »Schraps, Schnappo« angefeuert, von Ernesto mit funkelnden Blicken bedacht. Nur Otto der Gewaltige zeigte wenig Lebenszeichen, er lehnte sich an ein Faß, öffnete den Mund zu einer Art riesiger rosa Tülle und ließ hineinlaufen, was kam. Am liebsten wäre er direkt an den Schlauch angeschlossen worden.

Draußen dröhnte die Sonne, der Neusiedler See hat bis ans Leithagebirge heran Mittelmeerklima, die Sommer sind afrikanisch, und bis tief in den Herbst hinein kann man im See baden. So bilden die vielen Weinkeller überall in den Orten ideale Zufluchtstätten.

Wir überstürzten nichts. »Der Müller-Thurgau«, murmelte Salzerrudi, »ihr müßt ihn probieren. Hui, der wird den Damen den Kopf verdrehen.« Er schaute Honigtopf und Türkin verwegen an, oben vom Faß her, den roten Gummischlauch im Mundwinkel. Die Türkin machte Kuhaugen. Honigtopf lachte, wobei sie spitze kleine, ein wenig unregelmäßige Zähne enthüllte. »Eine Maus«, pflegte Ernesto dann düster zu sagen. »Sie ist eine Maus, die Panflöte spielt.«

Endlich hatten sie die Entscheidung getroffen. Salzerrudi füllte den Ballon, Otto der Gewaltige nahm ihn auf die Arme und trug ihn die Kellerstiege hoch nach draußen. Mit einem Schubkarren transportierten sie den Wein in die kühle Rauchkuchel. Salzerrudi folgte, die Hände ringend, wenn sie die Kurven zu schnell nahmen. War der Wein abgeladen, sagte er: »Jetzt wollen wir probieren, ob er den Transport überstanden hat.«

Solche Unternehmungen führten dazu, daß sie am Spätnachmittag Ernestos Boot in einem Zustand erreichten, der das Segeln zu einem gewaltigen Erlebnis werden ließ. Ernestos Boot war mit allen Schikanen ausgerüstet, die Winschen liefen automatisch, auch die Fock war vom Cockpit aus zu setzen. Obwohl es ein ziemlich großes Boot (mit Viermannskajüte) war, hätte man es notfalls auch alleine segeln können. Aber das kam nie vor.

Auch bei einem Boot mit so viel technischem Klimbim muß man wissen, in welcher Richtung die Leinen laufen. Damit hatten sie regelmäßig Schwierigkeiten, und gewöhnlich konnten sie erst auslaufen, wenn sie die Schnurzel aus auf sie niederstürzenden Segeln befreit hatten. Endlich machte dann der Kahn Fahrt, hier wehte immer ein guter Wind, Ernesto sah aus wie Columbus mit dem Fernrohr, wenn er zufrieden die Doppelliter-Flasche ansetzte und den ersten tiefen Bord-Schluck nahm. Die Schnurzel lagen dann schon nackt am Vorderdeck und sonnten sich, und Ernesto behauptete, daß er über ihre Arschritzen als Kimme den Kurs festlegte »Das ist Navigation«, sagte er. Honigtopf ließ sie dann zuweilen auch ihre Vorderseite sehen, setzte die Panflöte an die Lippen und flötete eine sehnsüchtige Melodie über den See, die untermalt war vom Rauschen des Wassers am Kiel ihres Bootes. Über ihnen zogen dann wohl die Störche dahin. Im Herbst sammelten sich graubrüstige Wildgänse in der Luft, bevor sie nach Süden zogen.

Wenn Honigtopf zu flöten aufhörte, erzählten Ernesto oder Bül-Bül Geschichten, die alle mit dem Satz begannen: »... da waren wir einmal irrsinnig betrunken.« Und wenn sie sehr fröhlich waren, führten sie an Bord den Einakter *Die roten Teufel* auf, der mit dem Chorgesang: »Auf der blauen Donau schwimmt ein Krokodil« endet. Das war gewöhnlich nach dem dritten Doppelliter. Um diese Zeit übernahm Otto der Gewaltige die Pinne; er saß dann, in Jeans und Möbelträgerhemd, im Cockpit, sagte kein Wort, außer daß er den Mädchen befahl, auf dem Vorschiff zu bleiben, denn sein Gewicht so weit achtern gefährdete die Trimmlage des Bootes. Ernesto saß im Schneidersitz unter dem Großbaum, schwang die Flasche, sang mit Bül-Bül das Krokodillied und sah wohlgefällig zu, wie die Leinen durch die Winsch-Automatik liefen. Er war stolz auf seinen Kahn, einen Prototyp, den ein paar helle Jungs in Podersdorf gebaut hatten. Das Ding sollte bald in Serie gehen, behauptete Ernesto: »Alle werden mit so einem Boot segeln. Aber wir sind die Ersten.« Die Türkin machte wieder ihre Kuhaugen, Honigtopf lächelte mit Spitzzähnen.

Am Neusiedler See kommen Stürme plötzlich auf, »von Ungarn herüber«, wie die Einheimischen behaupten. Während das Schiff noch durch ruhiges Wasser pflügt, sieht man in einigen hundert Meter Entfernung plötzlich die Wellen sich kräuseln. Wenige Minuten später erfaßt die erste Bö das Boot. Sie hatten das oft erlebt, aber es störte sie nicht sehr. Schnell zerrten sie dann die

Schnurzel vom Vorderdeck ins Cockpit, die Segel gaben, dank der automatischen Winsch, von selber Raum, Otto der Gewaltige nahm in aller Bierruhe eine kleine Kurskorrektur vor, und Bül-Bül rettete die Weinflaschen, bevor das Schiff sich auf die Seite legte. Dann klotzten sie weiter über den See, der schnell hohe Wellen bekam. Da er fast an keiner Stelle tiefer als anderthalb Meter ist, mußten sie nur aufpassen, daß sie nicht mit dem Schwert aufsetzten. »Schraps, Schnappo«, schrie dann Bül-Bül in den Wind. Otto schloß lässig zwei oder drei Hemdenknöpfe, und weiter ging die rasende Fahrt.

Meistens legte sich gegen Abend die Brise. Wenn sie in den Hafen einliefen, wagten sich die Tretboote und Ruderboote noch für ein halbes Stündchen hinaus. Die Schnurzel plätscherten, ehe sie festmachten, im seichten Lößwasser des Schilfgürtels, »weil das der Haut gut tut«. Regelmäßig gegen Abend tauchte ein reiferes Mädchen mit Rennrad auf dem Damm auf, mit sehr heißen Strickhöschen und oben offenen Rallye-Handschuhen, eine Dame augenscheinlich aus höheren Kreisen, von Bül-Bül das »Uralt-Schnurzel« genannt. Wir sahen eines Sonntags, als wir im Morgengrauen in See stachen, das Uralt-Schnurzel sich auf einem Tretboot winden, das am Schilfgürtel ankerte. Vor ihr, bis zu den Arschbacken im Wasser, stand der ortsansässige Künstler Gottlieb Renkendorf und vögelte sie wütend. Das Uralt-Schnurzel war in voller Montur, Gottlieb mußte ihn ihr von seitwärts ins heiße Höschen gesteckt haben. Sogar die Handschuhe hatte sie anbehalten, diese halben Rallye-Dinger. Wir fuhren in gebührendem Abstand vorbei. Rings ums Tretboot war der Schlamm aufgequirlt, Gottlieb schaute wild wie ein Faun über die Schulter, machte aber weiter. Uralt-Schnurzel aus höheren Kreisen hatte die Augen geschlossen. »Morgenstunde hat Schlamm im Munde«, sagte Ernesto. Er schwang die Doppelliter-Flasche gegen die Sonne und nahm einen tiefen Schluck, bevor er das Ruder herumwarf.

Die Kernmannschaft stand den Sommer gut durch. Die Musketiere und ihre Mädchen gaben Feste für die vielen Besucher, die aus Wien kamen. Ottos entfernte Freundin Nadine sahen sie im Mondschein auf dem Rinnstein der Dorfgasse sitzen. Hörten sie rufen: »Ich bin ein Opfer meiner Luscht!« Nadines Freundin Marie fiel in die Hütte des Bernhardiners Barry und bestand darauf, dort zu übernachten, was der gutmütige Bernhardiner auch duldete. Bül-Büls kleiner Neffe ging vorübergehend in den Weinkellern des nächsten Ortes verloren. Die Einheimischen kamen oft zu Besuch und sangen dreistimmig Beerdigungslieder – andere konnten sie nicht.

Im September ließ Otto das Super-Spielmädchen Billie einfliegen. Billie war braungebrannt wie eine Piz Buin-Reklame. Sie kam gerade von den Bermudas, wo sie mit irgendwelchen Jet-Set-Peoples Ferien gemacht hatte. Sie redete von den Leuten nur per Vornamen (»Samstag kam Jeanny mit seinem Lear Jet«). Hier nahm sich niemand die Mühe, nachzufragen, wie die Berühmtheiten weiter hießen. Die Bermudas waren allen ziemlich egal. Ernesto beäugte Billie mit funkelnden Augen und griff ihr zuweilen an die Brust, wogegen weder Billie noch Otto der Gewaltige etwas einzuwenden hatten, Salzerrudi spritzte sie im Keller ein bißchen mit Wein an, und Bül-Bül sagte mit Hochachtung in der Stimme: »Schraps, Schnappo!«

Billie führte neue Variationen des Nacktlebens an Bord ein, sie verknotete ihre Bikiniteile in den Wanten und ließ sie im Winde flattern, versuchte Otto die Hosen auszuziehen, was mißlang, und rutschte mit ihrem knakkigen Hinterteil dauernd vor aller Augen umher, weshalb Ernesto murmelte: »Ich werde blind!«

Einschneidene Erlebnisse, an denen Billie nicht unschuldig war, hatten eine neue Epoche in Ernestos Leben eingeleitet. Die beiden waren eines Samstags um zwei Uhr nachts in einen Keller in St. Margarethen eingefallen. Die Wirtin wollte gerade schließen, aber Billie verspürte Hunger. Ernesto bot zweitausend Schilling für ein Schmalzbrot. Er bekam es, Billie aß es, und dann »vergaß« Ernesto zu bezahlen. Unglücklicherweise waren noch Einheimische in dem Keller. Sie packten Billie, schmissen sie nach oben durch die Luke, dann verwalkten sie Ernesto, bevor er wie eine trunkene Fledermaus den gleichen Weg nahm. Draußen fanden sich die beiden im Staub sitzend wieder. Ernesto schwoll zu. Billie hämmerte mit der Faust auf den Boden und rief: »Die ficke ich zusammen. Die Schweine ficke ich alle miteinander zusammen!« – Glücklicherweise machte niemand von diesem Angebot Gebrauch.

Salzerrudi besaß noch eines der wenigen Pferde, die es im Dorf gab. Auf seinem Heuboden schliefen die Schnurzel, Bül-Bül, Otto und wer sonst noch kam. Auch Billie zog ins Heu. Sie behauptete, einen Orgasmus nur zu bekommen, wenn das Heu sie in den Hintern piekte. Das sahen alle ein. Salzerrudi nannte seinen Boden das »Hotel zu den zehntausend Strohhalmen«. Er ließ es sich nicht nehmen, seine Gäste stets persönlich die Leiter hinauf zu begleiten, wobei er ihnen Streichhölzer und Feuerzeuge abnahm.

Der September brachte wie üblich warme Tage, Billie hatte ihren Jet-Set vergessen, die Mädchen waren braungebrannt und vom Heu genügend gepiekt, Otto hatte durch das Gerammel zehn Pfund verloren und behauptete, er sei »ganz durchsichtig«.

Um diese Jahreszeit wehte hier eine stete Brise, tatsächlich von Ungarn her, und das Segeln machte Spaß. Ernesto war in seinem Element, die Winschen rasselten, er setzte alles Zeug, das die Masten nur tragen konnten, nagelneue Nylonsegel, extra in Brindisi angefertigt. »Kostbar!« sagte Ernesto. Die Mädchen standen an Deck »Wie bronzene Galionsfiguren«, diesen Ausdruck hatte Bül-Bül erfunden, und er ritt darauf herum, bis

Ernesto drohte, ihn über Bord zu werfen. Sogar Otto der Gewaltige wurde gesprächig und sagte: »Friß Glas und spuck Blut, alter Schleimer!« Bül-Bül lachte. Die Türkin rollte derart die Augen, daß Billie und der Honigtopf einander entsetzt ansahen.

»Absegeln am letzten Septembersonntag«, befahl Ernesto, der Skipper. Den anderen war es recht. Sie wollten noch einmal den großen Törn machen, an Rust vorbei zur ungarischen Grenze, die durch den See verläuft, dann hinüber nach Podersdorf, und zurück über Neusiedel. Überall konnten sie damit rechnen, Freunde zu treffen, die einen kühlen Trunk zu schätzen wußten.

Der Tag begann mit einer Flaute. Ernesto schleppte enttäuscht die Doppelliter an Bord: »Das wird nichts werden«, sagte er. »Wir wollen lieber ein paar Flaschen mehr mitnehmen. Wer weiß, wie lange wir unterwegs sind.« Es war dunstig, die Sonne stach. Billie verknotete ihre Kleidungsstücke in den Wanten. Während das Boot langsam durch den Schilfgürtel auf den See hinausglitt, begann Bül-Bül die erste Geschichte dieses Tages mit den Worten: »Da waren wir einmal irrsinnig betrunken...« Billie wandte uns ihr von Heu zerstochenes Hinterteil zu und blickte in die Ferne, in der es nichts zu sehen gab.

Noch nicht! Am Nachmittag, wir hatten bereits drei geleerte Doppelliterflaschen im See versenkt und hielten immer noch auf die ungarische Grenze zu, verfärbte sich der Dunst über dem See schwefelgelb. Die Sonne schien sich von uns zu entfernen, stieg immer höher am Himmel hinauf, war ein grellweißer, zerfranster Ball. Ernesto zappelte im Cockpit und schnüffelte in die Luft. »Ich glaube, da kommt was«, sagte er. Und zu Otto: »Laß mich das Ruder übernehmen.«

»Bitte«, sagte Otto und rückte beiseite. »Aber ich glaube, du irrst dich. Schau doch die Segel an. Schlaff!« Ernesto schüttelte den Kopf. »Es geht los!«

In diesem Augenblick stieg eine Wolkenwand am Horizont hoch, verdunkelte die Sonne, und während unser Boot immer noch in totaler Flaute lag, begann zweihundert Meter vor uns der See zu kochen. Dann ging alles blitzschnell. Ernesto schrie: »Achtung!« Bül-Bül sprang auf und riß die Mädchen vom Vorschiff. Sie taumelten ins Cockpit. Nackt, wie sie waren, stopften Otto und er sie in die Kajüte. Ernesto warf sich in die Pinne, um das Schiff herumzukriegen, aber sie machten nicht genug Fahrt. Als sie quer zum Wind lagen, traf die erste Bö sie seitlich. Das Boot holte über, die Weinflaschen fuhren im Cockpit umher, die Mädchen kreischten, Billies T-Shirt, das in die Leine verknotet war, flog davon. Sekundenlang sah es so aus als würden sie kentern. Dann lösten sich die automatischen Winschen, und das Schiff kam herum. Gleichzeitig hörten sie, wie Otto schrie, er hing übers seitliche Bord, eine Hand in die Leine vom Großsegel-Fall geklammert, die andere vor den Bauch gepreßt. »Was ist?« schrie Ernesto in den Sturm. Die Mädchen tauchten am Niedergang zur Ka-

Georg Lentz

jüte auf, die Türkin weinte. Bül-Bül kroch zu Otto hinüber, versuchte, ihn zurückzuziehen. Es ging nicht. Ottos Jeans hatten sich in der Winsch verfangen. Bül-Bül sah, wie sich ein dunkler Fleck auf dem zerfetzten Jeansstoff ausbreitete. Otto hatte die Augen geschlossen. »Er blutet«, schrie Bül-Bül, »geh in den Wind!« Die Mädchen schrien, der Honigtopf hatte die Hände vor dem Mund. »Wie denn?« rief Ernesto. »Wir kentern!« Aber dann faßte er einen Entschluß: »Fertig zur Wende!« Dieses Manöver würde zwar Ottos Hosenlatz – und was darüber hinaus drinhing – noch weiter in die Winsch drehen, aber gleich danach müßte er freikommen.

Ernesto segelte eine meisterhafte Wende, aber als der Großbaum nach Backbord ging, stieß Otto der Gewaltige einen so mörderischen Schrei aus, daß sie meinten, er müsse trotz des Sturms bis zum Ufer zu hören sein. Die Winsch hatte angezogen und ein weiteres Stück Otto in die Zahnräder gezerrt. Dann schnarrte sie plötzlich zurück, Otto taumelte nach hinten, kam frei und fiel ins Cockpit. Vorne war alles Blut und Fetzen. Das Schiff nahm wieder Fahrt auf und raste auf die ungarische Grenze zu.

»Packt mit an«, rief Bül-Bül den Mädchen zu. Sie zerrten Otto in die Kabine. »Was ist?« schrie Ernesto, der wie ein brauner Teufel an der Pinne hockte. Billie schaute aus dem Luk: »Alles ein Matsch.«

Otto war ohnmächtig. Sie zogen ihm die Hose herunter und wickelten alles, was sie an Textilien fanden, um den blutigen Teil. Im Nu war Otto mit Badeanzügen, Slips, einem Kaschmirpullover drapiert. Alles sog sich mit Blut voll. Sie nahmen noch Bül-Büls und Ernestos Hemd, aber auch das half wenig. Die Mädchen hatten nichts mehr anzuziehen, für fünf unverletzte Passagiere gab es nur noch zwei paar Shorts: Die von Ernesto und die von Bül-Bül.

Otto erwachte einen Augenblick aus seiner Ohnmacht. »Ungarn«, sagte er. »Wir segeln nach Ungarn.« Dann war er wieder weg. Das Blut suppte durch die Notverbände, die nackten Mädchen sahen schon aus wie Indianerinnen beim Skalpieren. Sie krochen hinaus ins Cockpit und beratschlagten, was zu tun sei. »Wir müssen den Kurs ändern«, sagte Bül-Bül. »Wenn wir so weitersegeln, schnappen uns die Ungarn.«

»Nach Rust«, sagte Ernesto. »Das können wir hart am Wind machen. Mit einem Krankenwagen ist Otto in ein paar Minuten in Eisenstadt.«

Sie nahmen Kurs auf Rust, oder wenigstens dahin, wo sie meinten, daß Rust liegen müsse in dieser schwefelgelben Sturmhölle. Ernesto mußte hart an den Wind gehen, er segelte wie ein Klabautermann mit allem Zeug oben trotz des Orkans, aber sie machten wenig Fahrt. Es würde Stunden dauern, bis sie in Rust waren. »Schaut nach ihm«, rief Ernesto. »Gebt ihm Wein. Paßt auf, daß er nicht verblutet.« Bül-Bül und die Mädchen krochen wieder in die Kajüte. Otto hatte die Augen auf. Er stöhnte, sein Bauch sah aus, als ob er sich auf eine Tellermine gelegt hätte.

Es wurde immer finsterer. Die Wellen liefen schräg von achtern und legten das Selbstlenzsystem lahm. Ernesto hockte im kniehohen Wasser. Eine Weinflasche hatte sich ins Cockpit entleert. Manchmal drehte der Wind und das Boot kam vom Kurs ab. Ernesto fühlte, daß Rust schon weitab an Backbord liegen mußte, das hieß, sie würden das letzte Stück auch noch kreuzen müssen. Außerdem gingen die Wellen so hoch, daß das Schwert manchmal den Seeboden schrammte. Eine Zehntelsekunde Unaufmerksamkeit, und sie lagen im Bach.

Bül-Bül und die Türkin hingen jetzt in den Steuerbord-Wanten, um das Boot aus seiner Schräglage zu bringen: Manchmal unterschnitt das Spritzbord die Wellen.

Aber Ernesto wußte, was er seinem Schiff zumuten konnte. Sie gewannen Meter um Meter. Irgendwann mußte der Schilfgürtel vor ihnen auftauchen. Wo dann Rust lag, war die Frage.

Anderthalb Stunden waren sie so gesegelt, als das Unwetter aufhörte, so plötzlich, wie es gekommen war. Der Wind schlief sofort fast völlig ein, die nassen Segel klatschten gegen den Mast. »Verdammte Scheiße«, schrie Ernesto. Er heulte fast. »Wir müssen ins Wasser, uns vorspannen. Das Schiff ziehen.«

»Bist du wahnsinnig?« rief Bül-Bül. »Das schaffen

wir nie. Sieh dir doch die Wellen an.« Der Honigtopf stand im Cockpit, die Panflöte in der Hand, und starrte in die Ferne. »Schaut doch«, rief sie. »Der dunkle Streifen.«

Jetzt sahen auch Ernesto und Bül-Bül es: Der Schilfgürtel war in Sicht! Billie kroch aus der Kajüte. Der Schilfgürtel zeichnete sich als dunkle Linie ab. Davor sahen sie einen grauen Punkt, der schnell größer wurde.

Die Beamten auf dem Motorboot der Wasserschutzpolizei staunten, als sie das Boot mit den zitternden nackten Gestalten an Bord sahen. »Freikörperkultur in Seenot«, meinte der eine. Dann machten sie längsseits fest, und in Minuten war ihnen klar, was geschehen war. Sie zerrten Otto den Gewaltigen aus der Kabine, ein Beamter rief mit Sprechfunk einen Krankenwagen zum Ruster Hafen, der andere legte Otto mit Hilfe der immer noch splitternackten Billie einen Notverband an. Billie bekam eine Decke um, eine zweite flog herüber ins Segelboot. Das Patrouillenboot mit Otto und Billie an Bord legte ab. »Wir holen euch später, falls kein Wind mehr aufkommt«, rief der eine Seepolizist. Ernesto murmelte: »Aye, aye, Sir.«

Das Schiff lenzte jetzt wieder. Ein Doppelliter war unversehrt geblieben. Ernesto zog den Korken heraus, nahm einen Schluck und gab die Flasche an die Mädchen weiter. »Schraps, Schnappo!« sagte Bül-Bül.

Auf dem Boden lag ein Klumpen blutiger Textilien, die vom Motorboot herübergeflogen waren. Die Türkin starrte darauf. »Wir können das ebensogut jetzt waschen«, meinte sie. Der Honigtopf nickte. »Wasser ist ja genug da.«

Am nächsten Vormittag besuchten sie Otto den Gewaltigen im Krankenhaus. Er war blaß, trotz einiger Bluttransfusionen, die er bekommen hatte, aber er grinste schon wieder. »Und die Tülle?« fragte Bül-Bül, »ist sie noch dran?«

»Sie müssen mir einen Streifen aus dem Hintern schneiden und rumwickeln«, sagte Otto. »Aber es kommt schon wieder in Ordnung.« Die drei Mädchen machten interessierte Gesichter.

»Die Winschen habe ich abmontiert«, sagte Ernesto. »Im nächsten Sommer mußt du als Vorschotmann fahren.« Otto der Gewaltige winkte ab: »Das *Segeln* überlasse ich euch«, sagte er. So viel hintereinander hatte er noch nie gesprochen.

HERMANN HESSE
Der Holländer

Lange habe ich mich darum gedrückt, dies Kapitel zu schreiben. Nun muß es sein.

Als ich vor vierzehn Tagen mit Vorsicht und Sorgfalt mein Hotelzimmer Nummer 65 aussuchte, hatte ich im ganzen keine schlechte Wahl getroffen. Das Zimmer, hell und freundlich tapeziert, hat einen Alkoven, in dem das Bett steht, und erfreute mich durch seinen nicht alltäglichen, originellen Grundriß, es hat ein schönes Licht und etwas Aussicht auf Fluß und Weinberge. Ferner liegt es zuhöchst im Hause, es wohnt also niemand über mir, und von der Straße her sind kaum Störungen möglich. Ich hatte gut gewählt. Ich hatte damals auch nach den Zimmernachbarn gefragt und beruhigende Auskunft erhalten. Auf der einen Seite wohnte eine alte Dame, von der ich in der Tat nie etwas hörte. Auf der andern Seite, in Nummer 64, aber wohnte der Holländer! Im Lauf von zwölf Tagen, im Lauf von zwölf bittern Nächten ist mir dieser Herr überaus wichtig geworden, ach allzu wichtig, er ist eine mythische Figur, ein Götze, ein Dämon und Gespenst für mich geworden, das ich erst vor wenigen Tagen besiegt habe.

Niemand, dem ich ihn zeigen würde, würde es mir

glauben. Dieser Herr aus Holland, der mich seit so vielen Tagen am Arbeiten, seit so vielen Nächten am Schlafen gehindert hat, ist weder ein tollwütiger Berserker noch ein enthusiastischer Musiker, weder kommt er zu unerwarteten Zeiten betrunken nach Hause noch schlägt er seine Frau oder schimpft mit ihr, er pfeift und singt nicht, ja er schnarcht nicht einmal, wenigstens nicht so laut, daß es mich störte. Er ist ein solider, gesitteter, nicht mehr junger Mann, lebt regelmäßig wie eine Uhr und hat keinerlei auffallende Untugenden – wie ist es möglich, daß dieser ideale Bürger mich so leiden machte?

Es ist möglich, es ist leider Tatsache. Die beiden Hauptpunkte, die Grundpfeiler meines Unglücks, sind diese: zwischen den Zimmern Nummer 64 und 65 ist eine Tür, eine zwar verriegelte und mit einem Tisch verstellte, aber keineswegs dichte Tür. Dies ist das eine Unglück, es läßt sich nicht beheben. Das zweite, schlimmere: der Holländer hat eine Frau. Auch sie ist mit erlaubten Mitteln nicht aus der Welt oder doch aus Nummer 64 zu bringen. Und dann habe ich noch das ungewöhnliche Pech, daß meine Nachbarn, gerade wie ich selber, zu den verhältnismäßig seltenen Hotelgästen gehören, die den größern Teil ihres Tages auf ihren Zimmern zubringen.

Hätte ich nun ebenfalls eine Frau bei mir oder wäre ich Gesanglehrer oder hätte ich ein Klavier, eine Geige, ein Waldhorn, eine Kanone oder Pauke, so könnte ich den Kampf gegen meine holländischen Nachbarn mit der Hoffnung auf Erfolg aufnehmen. So aber ist die Lage diese: das Holländerpaar bekommt von mir während der vierundzwanzig Stunden des Tages keinen Ton zu hören, es wird von mir behandelt wie man Könige und Schwerkranke behandelt, wird von mir unaufhörlich mit der unausdenklichen Wohltat einer vollkommenen, absoluten Stille überschüttet. Und wie erwidern sie diese Wohltat? Sie gewähren mir, indem sie jede Nacht von zwölf bis sechs Uhr schlafen, eine tägliche Schonzeit von sechs Stunden. Ich habe die Wahl, ob ich diese Stunden zur Arbeit oder zum Schlaf, zu Gebet oder Meditation verwenden will. Über die übrigen achtzehn Stunden des Tages habe ich keine Verfügung, sie gehören nicht mir, diese täglichen achtzehn Stunden finden gewissermaßen überhaupt nicht bei mir, sondern nur in Nummer 64 statt. Achtzehn Stunden des Tages wird in Nummer 64 geplaudert, gelacht, Toilette gemacht, Besuch empfangen. Es wird nicht mit Schießwaffen hantiert noch wird Musik gemacht noch finden Schlägereien statt, dies muß ich anerkennen. Es wird aber auch nicht nachgedacht, nicht gelesen, nicht meditiert, nicht geschwiegen. Immerzu fließt der Fluß der Gespräche, oft sind vier und sechs Personen dort drüben beisammen, und abends plaudert das Ehepaar bis halb zwölf Uhr. Dann kommt das Klirren von Glas und Porzellan, das Feilen der Zahnbürsten, das Rücken einiger Stühle und die Melodie des Gurgelns. Dann krachen die Betten, und dann wird es still und bleibt still (das sei nochmals anerkannt) bis in der Frühe etwa um sechs Uhr, um welche Stunde einer der Ehegatten, ich weiß nicht ob er oder sie, sich erhebt und den Fußboden erbeben macht, er geht zum Bade, kehrt bald wieder; inzwischen ist auch für mich die Badestunde gekommen, und von meiner Wiederkehr an reißt der Faden der Gespräche, der Geräusche, des Lachens, des Stuhlrükkens und so weiter nicht mehr ab bis wieder kurz vor Mitternacht.

Wäre ich nun ein vernünftiger, normaler Mensch wie andere, so würde ich mich leicht in die Lage schicken. Ich würde nachgeben, da nun einmal zwei stärker sind als einer, und würde meinen Tag irgendwo anders als in meinem Zimmer hinbringen, im Lese- oder Rauchzimmer, in den Korridoren, im Kursaal, in Restaurants, wie die meisten Kurgäste es tun. Und nachts würde ich eben schlafen. Statt dessen bin ich von der mühsamen, törichten und aufreibenden Leidenschaft besessen, tagsüber viele Stunden allein am Schreibtisch zu sitzen, angestrengt nachzudenken, angestrengt zu schreiben, oftmals nur, um das Geschriebene nachher wieder zu vernichten; und des Nachts habe ich zwar eine große, eine glühende Sehnsucht nach Schlaf, aber mein Einschlafen ist ein komplizierter Dämmerungsvorgang, welcher Stunden dauert, und dann ist der Schlaf sehr leise, sehr dünn und spröde, ein Hauch genügt, um ihn zu zerreißen. Und wenn ich um zehn, um elf Uhr noch so todmüde und noch so nahe am Einschlummern bin, es hilft nichts, es reicht nicht bis zum Schlafe, solange nebenan die Holländer ihre Geselligkeit pflegen. Und während ich erschöpft und sehnsüchtig warte, bis die Mitternacht kommt, bis der Mann aus dem Haag mir die Erlaubnis gewährt, eventuell einzuschlafen, bis dahin bin ich durch Warten, Zuhören und Denken an die morgige Arbeit wieder so wach und erregt geworden, daß der größte Teil der mir zugebilligten sechs Ruhestunden vorübergeht, ehe ich ein wenig Schlaf finde.

Ist es nötig, es eigens auszusprechen, daß mir wohl bewußt ist, wie unberechtigt meine Forderung an den Holländer ist, mich mehr schlafen zu lassen? Ist es nötig zu sagen, daß ich sehr wohl weiß, daß nicht er an meinem schlechten Schlafe und an meinen geistigen Liebhabereien schuld ist, sondern ich allein? Ich schreibe jedoch diese Notizen aus Baden nicht, um andere anzuklagen oder mich rein zu waschen, sondern um Erlebnisse aufzuzeichnen, seien es auch die seltsam verzerrten Erlebnisse des Psychopathen. Jene andere, verwickeltere Frage nach der Berechtigung des Psychopathen, jene furchtbare und erschütternde Frage, ob unter gewissen Zeit- und Kulturumständen es nicht würdiger, edler, richtiger sei, Psychopath zu werden, als sich diesen Zeitumständen unter Opferung aller Ideale anzupassen – diese schlimme Frage, die Frage aller differenzierten Geister seit Nietzsche, lasse ich auf diesen Blättern unberührt; sie bildet ohnehin das Thema fast aller meiner Schriften.

Durch die oben erzählten Umstände also ist der Holländer für mich zum Problem geworden. Nicht ganz erklären kann ich mir, warum ich, in Gedanken und Worten, es immer nur mit dem Holländer, in der Einzahl, zu tun habe. Es ist ja ein Paar, es sind ja zweie. Aber sei es, daß ich aus instinktiver Galanterie der Frau mehr Duldung entgegenbringe als dem Mann, sei es, daß die Stimme und der etwas schwere Schritt des Mannes es sind, die mich tatsächlich besonders belästigen, jedenfalls sind es nicht »die«, sondern es ist »der« Holländer, an dem ich leide. Zum Teil beruht dies instinktive Übergehen der Frau in meinen Feindschaftsgefühlen und die Mythisierung des Mannes zum Feind und Antipoden aber auf sehr tiefen, elementaren Trieben: der Holländer, der Mann mit der kräftigen Gesundheit, dem gedeihlichen Aussehen, dem würdigen Auftreten und vollen Portemonnaie, ist für mich, den Outsider, schon im Typus feindlich.

Er ist ein Herr von etwa dreiundvierzig Jahren, mittelgroß, von kräftiger, etwas untersetzter Gestalt, welche den Eindruck von Gesundheit und Normalität macht. Gesicht und Figur sind beleibt und rundlich, doch nicht so, daß es auffiele; der große kräftige Kopf mit etwas schweren Augendeckeln wirkt dadurch massig und drückt auf die ganze Figur, daß er auf einem schwach akzentuierten, ein wenig kurzen Halse sitzt. Gesundheit und Körpergewicht machen, obwohl der Holländer sich gemessen bewegt und vorzügliche Manieren hat, leider seine Bewegungen und Schritte wuchtiger und hörbarer, als für seinen Nachbarn wünschenswert ist. Seine Stimme ist tief und gleichmäßig, weder in der Tonhöhe noch in der Stärke viel wechselnd, die ganze Persönlichkeit, neutral betrachtet, wirkt seriös, zuverlässig, beruhigend, nahezu sympathisch. Etwas störend hingegen ist, daß er zu kleinen Erkältungen neigt (was übrigens alle Badener Kurgäste tun), die ihn heftig husten und niesen machen; in diesen Tönen kommt dann ebenfalls eine gewisse Wucht und Kraftfülle zum Ausdruck.

Dieser Herr aus dem Haag also hat das Unglück, mein Nachbar zu sein, tagsüber der Feind, Bedroher und oft Vernichter meiner geistigen Arbeit, einen Teil der Nacht hindurch der Feind und Vernichter meines Schlafes. Nicht an allen Tagen allerdings empfand ich seine Existenz als Strafe und Belastung. Es gab mehrere warme und sonnige Tage, an welchen es mir vergönnt war, meine Arbeit im Freien zu tun; im Hotelgarten in einem verborgenen kleinen Gehölz, die Mappe auf den Knien, schrieb ich meine Blätter voll, dachte meine Gedanken, ging meinen Träumen nach oder las zufrieden in meinem Jean Paul. An allen kühlen und Regentagen jedoch, und deren waren sehr viele, sah ich mich den ganzen Tag hindurch dem Feinde Wand an Wand gegenüber; während ich lautlos und gespannt am Schreibtisch über meinen Beschäftigungen hing, lief nebenan der Holländer auf und ab, füllte die Waschschüssel, spuckte das Becken voll, warf sich in den Sessel, unterhielt sich mit seiner Frau, lachte mit ihr über Witze, empfing Besuche. Es waren für mich oft sehr mühsame Stunden. Indessen hatte ich eine gewaltige Hilfe dabei, nämlich eben meine Arbeit. Ich bin kein Arbeitsheld und verdiene keine Fleißpreise, aber wenn ich schon einmal begonnen habe, mich von einer Vision oder von einer Gedankenreihe erfüllen und bezaubern zu lassen, wenn ich schon einmal, widerstrebend genug, mich auf den Versuch eingelassen habe, diesen Gedanken in eine Form zu bringen, dann bin ich in dies Unternehmen verbissen und kenne nichts andres, was mir wichtig wäre. Es gab Stunden, da konnte in Nummer 64 ganz Holland Kirmes feiern, es berührte mich kaum, denn ich war bezaubert und hingenommen von dem einsamen, phantastischen und gefährlichen Geduldsspiel, das mich einspann, ich rannte hitzig mit krampfhafter Feder meinen Gedanken nach, baute Sätze, wählte unter zuströmenden Assoziationen, angelte hartnäckig nach den geeigneten Worten. Der Leser mag sehr darüber lachen, für uns Schreibende aber ist das Schreiben immer wieder eine tolle, erregende Sache, eine Fahrt in kleinstem Kahn auf hoher See, ein einsamer Flug durchs All. Während man ein einzelnes Wort sucht, unter drei sich anbietenden Worten wählt, zugleich den ganzen Satz, an dem man baut, im Gefühl und Ohr zu behalten –: während man den Satz schmiedet, während man die gewählte Konstruktion ausführt und die Schrauben des

Gerüstes anzieht, zugleich den Ton und die Proportionen des ganzen Kapitels, des ganzen Buches irgendwie auf geheimnisvolle Weise stets im Gefühl gegenwärtig zu haben: das ist eine aufregende Tätigkeit. Ich kenne eine ähnliche Gespanntheit und Konzentration aus eigener Erfahrung nur noch bei der Tätigkeit des Malens. Da ist es ganz ebenso: jede einzelne Farbe zur Nachbarfarbe richtig und sorgfältig abzustimmen, ist hübsch und leicht, man kann das lernen und alsdann beliebig oft praktizieren. Darüber hinaus aber beständig die sämtlichen Teile des Bildes, auch die noch gar nicht gemalten und sichtbaren, wirklich gegenwärtig zu haben und mit zu berücksichtigen, das ganze vielmaschige Netz sich kreuzender Schwingungen zu empfinden: das ist erstaunlich schwer und glückt nur selten.

Es liegt also in der literarischen Arbeit eine so heftige Nötigung zur Konzentration, daß man bei stark gespanntem Produktionstrieb recht wohl äußere Behinderungen und Störungen überwinden kann. Der Autor, welchem nur an einem bequemen Tisch, bei bestem Licht, mit seinem eigenen gewohnten Schreibmaterial, auf besonderem Papier und so weiter seine Arbeit möglich scheint, ist mir verdächtig. Wohl sucht man instinktiv alle äußeren Erleichterungen und Bequemlichkeiten auf, wo sie aber nicht zu haben sind, geht es auch ohne sie. Und so gelang es mir oft, zwischen mich und Nummer 64 eine Distanz oder Isolierwand hinein zu schreiben, die mich für eine produktive Stunde schützte. Sobald ich aber zu ermüden begann, und dazu trug der angehäufte Schlafmangel mächtig bei, waren die Störungen wieder da.

Viel schlimmer als mit der Arbeit stand es mit dem Schlafen. Ich will hier meine rein psychologisch begründete Theorie der Schlaflosigkeit nicht darlegen. Ich sage nur, daß jene vorübergehende Immunität gegen Holland, mein Hinweg-Konzentriertsein von Nummer 64, wohl je und je bei der Arbeit gelang, mit Hilfe beflügelnder Kräfte, daß meine Schlafversuche aber dieses Glück nicht teilten.

Der Schlaflose nun, wenn er seinem Leiden eine längere Weile preisgegeben ist, richtet, wie die meisten Menschen es in Zuständen nervöser Übermüdung tun, Gefühle der Ablehnung, des Hasses, ja der Vernichtungslust sowohl gegen sich selbst wie gegen die nächste Umgebung. Da die nächste Umgebung für mich nun einzig aus Holland bestand, häuften sich in mir während der schlaflosen Nächte langsam gegen Holland Gefühle der Abneigung, der Erbitterung, des Hasses an, die sich tagsüber nicht zerstreuen konnten, da die Spannung und Störung ja beständig fortbestand. Lag ich im Bette, durch den Holländer am Schlaf verhindert, fiebernd vor Übermüdung und ungestilltem Verlangen nach Ruhe, und hörte ich nebenan den Nachbar seine satten, festen, soliden Schritte tun, seine festen, strammen Bewegungen machen, seine markigen Töne bilden, dann empfand ich gegen ihn einen ziemlich vehementen Haß.

Immerhin aber blieb mir während dieser Situation stets bis zu einem gewissen Grade die Dummheit meines Hasses bewußt, ich konnte zwischenein immer wieder für Augenblicke über meinen Haß lächeln und ihm dadurch die Spitze abbrechen. Fatal aber wurde es mir, als dieser an sich unpersönliche, nur gegen die Störungen meines Schlafes, gegen meine eigene Nervosität, gegen die undichte Türe gerichtete Haß sich im Laufe der Tage immer weniger neutralisieren und verteilen ließ, als er allmählich immer törichter, immer einseitiger und persönlicher wurde. Es half am Ende nichts mehr, daß ich mir die persönliche Unschuld des Holländers vorhielt und bewies. Ich haßte ihn einfach, und zwar nicht nur etwa in den Augenblicken, wo er mir tatsächlich lästig war, wo mitten in tiefer Nacht sein lautes Schreiten, Reden und Lachen vielleicht in der Tat rücksichtslos war. Nein, ich haßte ihn jetzt ganz richtig, mit dem richtigen, naiven, dummen Haß, mit welchem ein erfolgloser kleiner christlicher Kaufmann die Juden oder ein Kommunist die Kapitalisten haßt, mit jener dummen, tierischen, vernunftlosen und im Grunde feigen oder neidischen Art von Haß, die ich an anderen stets so sehr bedaure, der die Politik, das Geschäft, die Öffentlichkeit vergiftet und dessen ich mich nicht für fähig gehalten hätte. Ich haßte nicht mehr bloß sein Husten, seine Stimme, sondern ihn selbst, seine reale Person, und wenn er mir, vergnügt und ahnungslos, tagsüber irgendwo begegnete, war es für mich die Begegnung mit einem ausgemachten Feind und Schädling, und all meine Philosophie reichte nur so weit, daß ich meinem Gefühl keine Äußerung gestattete. Sein glattes, frohes Gesicht, seine dicken Augendeckel, seine dicken, frohen Lippen, sein Bauch in der modischen Weste, sein Gehen und Benehmen, alles zusammen war mir zuwider und verhaßt, und am meisten haßte ich alle die unzähligen Anzeichen seiner Kraft, Gesundheit und Unverwüstlichkeit, sein Lachen, seine gute Laune, die Energie seiner Bewegungen, die überlegene Apathie seines Blickes, alle diese Anzeichen seiner biologischen und sozialen Überlegenheit. Natürlich, auf diese Art war es leicht, gesund und guter Laune zu sein und den befriedigten Herrn zu spielen, wenn man Tag und Nacht vom Schlaf, von der Kraft anderer zehrte, wenn man die Rücksicht, das stille Betragen, die Beherrschung seiner Nachbarn immerzu genoß und schluckte, selbst aber keine Hemmungen kannte, nach Belieben bei Tag und Nacht Luft und Haus mit Tönen und Vibrationen erschütterte. Möge der und jener ihn holen, diesen Herrn aus Holland! Dunkel erinnerte ich mich auch des fliegenden Holländers – war nicht auch der ein verfluchter Dämon und Quälgeist gewesen? Namentlich aber erinnerte ich mich jener Holländer, welche einst der Dichter Multatuli gezeichnet hat, jener fetten Genießer und Geldsammler, deren Reichtum und satte Bonhomie die Aussaugung der Malaien zur Basis hatte. Braver Multatuli!

Freunde von mir, welchen meine Denk- und Fühlweise, mein Glaube und Vorstellungsleben genauer bekannt sind, vermögen sich vorzustellen, wie sehr ich unter diesem unwürdigen Zustand litt, wie sehr dieser zwanghafte, von meinem Herzen nicht gebilligte Haß gegen einen Unschuldigen mich stören und quälen mußte – und zwar nicht wegen der Unschuld meines »Feindes« und wegen des Unrechts, das ich ihm in meinen Gefühlen tat, sondern vor allem wegen der Unsinnigkeit meines Gehabens, wegen des tiefen, prinzipiellen Widerspruchs zwischen meinem praktischen Verhalten und alledem, worin mein Wissen, mein Glaube, meine Religion bestand. Ich glaube nämlich an nichts in der Welt so tief, keine andre Vorstellung ist mir so heilig wie die der Einheit, die Vorstellung, daß das Ganze der Welt eine göttliche Einheit ist und daß alles Leiden, alles Böse nur darin besteht, daß wir einzelne uns nicht mehr als unlösbare Teile des Ganzen empfinden, daß das Ich sich zu wichtig nimmt. Viel Leid hatte ich in meinem Leben erlitten, viel Unrecht getan, viel Dummes und Bitteres mir eingebrockt, aber immer wieder war es mir gelungen, mich zu erlösen, mein Ich zu vergessen und hinzugeben, die Einheit zu fühlen, den Zwiespalt zwischen Innen und Außen, zwischen Ich und Welt als Illusion zu erkennen und mit geschlossenen Augen willig in die Einheit einzugehen. Leicht war es mir nie geworden, niemand konnte weniger Begabung zum Heiligen haben als ich; aber dennoch war mir immer wieder jenes Wunder begegnet, dem die christlichen Theologen den schönen Namen der »Gnade« gegeben haben, jenes göttliche Erlebnis der Versöhnung, des Nichtmehrwiderstrebens, des willigen Einverstandenseins, das ja nichts anderes ist als die christliche Hingabe des Ich oder die indische Erkenntnis der Einheit. Ach, und nun stand ich wieder einmal so völlig außerhalb der Einheit, war ein vereinzeltes, leidendes, hassendes, feindliches Ich. Auch andre waren das, gewiß, ich stand damit nicht allein, es gab eine Menge von Menschen, deren ganzes Leben ein Kampf, ein kriegerisches Sichbehaupten des Ich gegen die Umwelt war, welchen der Gedanke der Einheit, der Liebe, der Harmonie unbekannt war und fremd, töricht und schwächlich erschienen wäre, ja, die ganze praktische Durchschnittsreligion des modernen Menschen bestand in einem Verherrlichen des Ich und seines Kampfes. Aber in diesem Ichgefühl und Kampf sich wohl zu fühlen, war nur den Naiven möglich, den starken, ungebrochenen Naturwesen; den Wissenden, den in Leiden sehend Gewordnen, den in Leiden differenziert Gewordnen war es verboten, in diesem Kampfe ihr Glück zu finden, ihnen war Glück nur denkbar im Hingeben des Ich, ich Erleben der Einheit. Ach, wohl jenen Einfältigen, welche sich selber lieben und ihre Feinde hassen konnten, wohl jenen Patrioten, welche nie an sich zu zweifeln brauchten, weil an allem Elend und Unheil ihres Landes niemals sie selbst im geringsten eine Schuld hatten, sondern natürlich die Franzosen oder die Russen oder die Juden, einerlei wer, nur eben immer ein anderer, ein »Feind«! Vielleicht waren diese Menschen, neun Zehntel der Lebenden, wirklich glücklich in ihrer barbarischen Urreligion, vielleicht lebten sie beneidenswert froh und leicht in ihrem Panzer von Dummheit oder von äußerst schlauer Denkfeindschaft – obwohl ja auch dies höchst zweifelhaft war, denn wo war ein gemeinsamer Maßstab für das Glück jener Menschen und das meine, für ihre Leiden und die meinen zu finden?

Es war in einer langen, quälend langen Nacht, daß ich diese Gedanken dachte. Ich lag als Opfer des Holländers, der nebenan hustete, spuckte und auf und nieder lief, heiß und übermüdet im Bett, die Augen von langem Lesen (was wollte ich andres tun?) überanstrengt, und fühlte, daß jetzt diesem Zustand, dieser Qual und Schmach unbedingt ein Ende gemacht werden mußte. Kaum war diese Klarheit, diese Überzeugung oder Entschließung in mir aufgeblitzt, kalthell wie Morgenschein, kaum stand es klar und fest vor meiner Seele: »Dies muß alsbald zu Ende gelitten und zur Lösung gebracht werden«, da tauchten zuerst die üblichen vulgären Phantasien in mir auf, wie sie in Augenblicken besonderer Pein jedem Nervösen wohlbekannt sind. Nur zwei Wege, so schien es, konnten aus dieser jämmerlichen Lage herausführen; einen davon mußte ich wählen: entweder mich umbringen oder mich mit dem Holländer auseinandersetzen, ihn an der Gurgel nehmen und besiegen. (Eben hustete er wieder mit imponierender Energie.) Beide Vorstellungen waren schön und erlösend, wenn auch etwas kindlich. Schön war der Gedanke, sich auf irgendeine der üblichen, öfters erwogenen Arten beiseitezubringen, mit dem typischen kindlichen Selbstmördergefühl: »Es geschieht euch recht, wenn ich mir jetzt die Gurgel durchschneide.« Schön war auch die andre Vorstellung, statt meiner den Holländer zu packen, ihn zu erwürgen oder totzuschießen, als Sieger über seine brutale, undifferenzierte Vitalität übrigzubleiben.

Diese naiven Phantasien vom Auslöschen entweder meiner selbst oder des Feindes waren indessen schon bald erschöpft. Man konnte sich ihnen eine Weile hingeben, sich in Wunschbilder flüchten, welche aber schnell welkten und ihren Zauber verloren, denn nach kurzem Schweifen durch diesen Irrgarten war der Wunsch entkräftet, und ich mußte mir gestehen, daß diese Wünsche lediglich Exaltationen des Augenblicks waren, daß ich ja weder meine noch des Holländers Vernichtung wirklich und ernstlich wünsche. Seine Entfernung hätte vollkommen genügt. Ich suchte nun diese Entfernung in Bilder zu kleiden, ich machte Licht, nahm das Kursbuch aus der Nachttischschublade und unterzog mich der Mühe, einen lückenlosen Reiseplan zusammenzustellen, nach welchem der Holländer morgen in aller Frühe abreisen und so rasch wie möglich seine Heimat erreichen sollte. Diese Beschäftigung machte mir ein wenig

Vergnügen, ich sah den Mann in unheimlicher, kühler Morgenfrühe aufstehen, sah und hörte ihn zum letztenmal in Nummer 64 seine Toilette verrichten, die Stiefel anziehen, die Tür zuknallen, sah ihn fröstelnd zum Bahnhof fahren und abreisen, sah ihn morgens um acht Uhr in Basel mit französischen Zöllnern schelten, und je weiter mein Wunschbild ihn fortspediert hatte, desto leichter ward mir. Aber schon in Paris versagte meine Vorstellungskraft, und das ganze Bild ging wieder in Trümmer, lang, ehe ich meinen Mann an der holländischen Grenze hatte.

Das waren Spielereien. Auf so einfache, so wohlfeile Art war der Feind, der Feind in mir selbst, nicht zu überwinden. Es galt ja nicht, an dem Holländer irgendeine Rache zu nehmen, es galt lediglich eine wertvolle, positive und meiner würdige Einstellung zu ihm zu gewinnen. Meine Aufgabe war ganz klar: ich hatte meinen wertlosen Haß abzubauen, ich hatte den Holländer zu lieben. Dann mochte er spucken und dröhnen, ich war ihm überlegen, ich war gefeit. Wenn es mir gelang, ihn zu lieben, dann half ihm alle Gesundheit, alle Vitalität nichts mehr, dann war er mein, dann widerstrebte sein Bild nicht mehr dem Gedanken der Einheit. Wohlan denn, das Ziel war würdig, es galt, meine schlaflose Nacht gut anzuwenden!

So einfach die Aufgabe war, so schwer war sie, und ich habe wirklich nahezu jene ganze Nacht dazu gebraucht, sie zu lösen. Ich mußte den Holländer verwandeln, ihn umarbeiten, aus dem Objekt meines Hasses, aus der Quelle meiner Leiden mußte er umgeschaffen, mußte zum Objekt meiner Liebe, meines Interesses, meiner Teilnahme und Brüderlichkeit umgegossen werden. Gelang mir dies nicht, brachte ich in mir die Wärmegrade für diese Umschmelzung nicht auf, dann war ich verloren, dann blieb der Holländer mir im Halse stecken, und ich mußte weitere Tage und Nächte an ihm würgen. Was ich zu tun hatte, war lediglich die Erfüllung jenes wunderbaren Wortes »Liebet eure Feinde«. Ich war längst gewohnt, alle diese so merkwürdig zwingenden Worte des Neuen Testaments nicht bloß moralisch zu nehmen, nicht als Befehle, als »Du sollst«, sondern als freundliche Andeutungen eines wahrhaft Weisen, der uns zuwinkt: »Probiere es einmal, diesen Spruch buchstäblich zu erfüllen, du wirst dich wundern, wie wohl das dir tun wird.« Ich wußte, daß diese Sprüche nicht bloß das Höchste an moralischer Forderung, sondern auch das Höchste und Klügste an seelenhafter Glückslehre enthielten und daß die ganze Liebestheorie des Neuen Testamentes, neben all ihren anderen Bedeutungen, auch die Bedeutung einer seelischen Technik von größter Durchdachtheit habe. In diesem Falle lag es ja auf der Hand, der jüngste und naivste Psychoanalytiker hätte es nur bestätigen können, daß zwischen mir und meiner Erlösung einzig die noch unerfüllte Forderung stand, meinen Feind zu lieben.

Nun, es gelang, er blieb mir nicht im Halse stecken, er

wurde umgeschmolzen. Aber es ging nicht leicht, es kostete Schweiß und Arbeit, es kostete zwei oder drei Nachtstunden heftigster Anspannung. Dann aber war es getan.

Ich machte den Anfang damit, mir die Gestalt des Gefürchteten in möglichst scharfer Deutlichkeit vor die Seele zu zwingen, bis keine Hand und kein Finger an der Hand, bis kein Schuh, keine Augenbraue, keine Wangenfalte mehr fehlte, bis ich ihn ganz und gar vor mir sah, ihn innerlich völlig besaß, ihn gehen, sitzen, lachen und schlafen machen konnte. Ich stellte ihn mir vor, wie er morgens sich die Zähne bürstete und wie er nachts auf dem Kissen einschlief, ich sah das Müdewerden der Augendeckel, sah den Hals sich entspannen und den Kopf weich hinabwelken. Wohl eine Stunde dauerte es, bis ich ihn soweit hatte. Damit war viel gewonnen. Etwas lieben, das bedeutet für den Dichter: es in seine Phantasie aufnehmen, es dort wärmen und hegen, damit spielen, es mit der eigenen Seele durchdringen, mit dem eigenen Atem beleben. So tat ich mit meinem Feinde, bis er mir gehörte und in mich eingegangen war. Ohne seinen etwas zu kurzen Hals wäre es wohl nicht geglückt, aber der Hals kam mir zu Hilfe. Ich mochte den Holländer aus- oder anziehen, ihn in Kniehosen oder Gehrock, in ein Ruderboot oder an einen Mittagstisch setzen, ich mochte ihn zum Soldaten, zum König, zum Bettler, zum Sklaven, zum Greis oder zum Kind machen, in jeder noch so veränderten Gestalt hatte er einen kurzen Hals und ein klein wenig vorstehende Augen. Dies Zeichen war sein schwacher Punkt, hier mußte ich ihn angreifen. Lange brauchte ich, bis es mir gelang, den Holländer jünger zu machen, bis ich ihn als jungen Ehemann, als Bräutigam, als Studenten und Schüler vor mir sehen konnte. Als es mir endlich gelungen war, ihn zum kleinen Knaben zurückzuverwandeln, da gewann der Hals zum erstenmal meine Teilnahme. Auf dem sanften Weg des Mitleids eroberte er mein Herz, als ich diesen kräftigen und energischen Knaben seinen Eltern durch diese leisen Anzeichen einer asthmatischen Anlage Sorge machen sah. Auf dem sanften Wege des Mitleids ging ich weiter, und es gehörte wenig Kunst mehr dazu, auch die künftigen Jahre und Stufen zu produzieren. Als ich soweit war, den ganzen Mann, um zehn Jahre gealtert, seinen ersten Schlaganfall erleiden zu sehen, da sprach plötzlich alles an ihm so rührend mit, die dicklichen Lippen, die schweren Augendeckel, die wenig biegsame Stimme, alles gewann Werbekraft, und noch ehe er in meiner intensiven Vorstellung den imaginären Tod erlitten hatte, war sein Menschliches, seine Schwäche, sein Sterbenmüssen mir schon so brüderlich nahe gekommen, daß ich längst keine Widerstände mehr gegen ihn hatte. Da war ich froh, drückte ihm die Augen vollends zu und schloß meine eigenen, denn es war schon Morgen, und ich hing, von meiner langen nächtlichen Dichtung völlig erschöpft, wie ein Gespenst in den Kissen.

Am folgenden Tage und in der folgenden Nacht hatte ich reichlich Gelegenheit, festzustellen, daß ich Holland besiegt hatte. Der Mensch mochte lachen oder husten, er mochte noch so gesund auftreten, noch so dröhnend einherschreiten, er mochte Stühle rücken oder Witze machen, es brachte mich nichts mehr aus dem Gleichgewicht. Am Tage konnte ich leidlich arbeiten, in der Nacht leidlich ruhen.

Mein Triumph war groß, doch genoß ich ihn nicht lange. Am zweiten Morgen nach der Siegesnacht reiste der Holländer plötzlich ab, womit wieder er zum Sieger wurde, und ließ mich sonderbar enttäuscht zurück, da ich für meine schwer errungene Liebe und Unanfechtbarkeit nun keine Verwendung mehr hatte. Seine Abreise, die ich einst so innig herbeigesehnt hatte, tat mir nun beinahe weh.

An seiner Stelle zog in Nummer 64 eine kleine, graue Dame mit einem jener gummibeschuhten Stöcke ein, die ich nur selten zu sehen oder zu hören bekam. Sie war eine ideale Nachbarin, nie störte sie mich, nie erregte sie Zorn und Feindschaft in mir. Doch kann ich das erst jetzt, nachträglich, anerkennen. Mehrere Tage lang war die neue Nachbarschaft mir eine ständige Enttäuschung, viel lieber hätte ich wieder meinen Holländer da gehabt, ihn, den ich nun endlich hätte lieben können.

WERNER SCHMIDLI
Der Hauswart

Seit ich den Erhängten gefunden habe, grüßen mich die Leute im Haus. Alle Leute im Haus. Auch die Kinder tun es. Aber man merkt, daß sie es auf Befehl der Eltern tun. Dieses Gegrüßtwerden sollte mich eigentlich freuen. Aber ich freue mich nicht. Vorher haben sie mich nicht gegrüßt. Ich bin ja auch nur ein etwas ungeschickter Hauswart, ich komme den Leuten sicher wie ein Hanswurst vor. Und dann bin ich noch ledig. Dreiundvierzig und immer noch ledig. Meistens bin ich allein, wie es der Erhängte gewesen ist. Thomas Hoffnunger hieß er; wie Hoffnung klingt es, wenn man den Namen schnell sagt. Ich habe das früher nie bemerkt. Aber ihn grüßten sie auch nicht. Und ich tat es nur selten. Er war ein komischer Kerl. Er schien mir nicht ganz richtig im Kopf. Wenn ich zum Kegelabend wollte, so kam er mindestens fünfmal und läutete an meiner Wohnungstür; er läutete, wenn ich mich wusch, wenn ich mich rasierte, wenn ich die Krawatte band, wenn ich die Jacke anzog. Dauernd wollte er mit mir sprechen und mir seine Muscheln zeigen. Aber ich war knapp an Zeit, meine Kollegen warten nicht gerne. Ich ließ ihn stehen, wie ihn das Fräulein vom dritten Stock stehengelassen hatte, als er sie einmal ins Kino einladen wollte. Nur habe ich ihn nicht ausgelacht, wie sie es getan hat. Hoffnunger tut mir leid, er tat mir immer leid. Und nun hat er sich erhängt.

Tagsüber bin ich nicht zu Hause; ich arbeite in einer Kartonfabrik. Und dann bin ich noch in einem Gesangverein. Sonst sitze ich allein in meiner Wohnung. Ich lese viel. Und höre Radio. Aber nun kommen plötzlich die Leute vom Haus alle zu mir, unter irgendeinem Vorwand. Und dann muß ich ihnen erzählen, wie ich den Erhängten gefunden habe. Sie stehen dann da. Oder sitzen. Oder gehen auf und ab. Sie schauen mich an oder schauen in der Wohnung herum, als suchten sie etwas. Aber sie hören alle ganz genau zu, wenn ich erzähle. Und jetzt, da ich mich erinnere, sehe ich sie wieder: In allen Augen stand es; während ich erzählte, stand es da, offen oder versteckt, verfälscht durch Mitleid, Entsetzen oder Erschütterung. Auch ganz nackt habe ich es gesehen, habe es sogar an dem Tage, als ich Hoffnunger erhängt gefunden habe, in meinen eigenen Augen gesehen, als ich mich im Spiegel betrachtete, bevor ich in den Gesangverein ging! Angst vor Entdeckung stand da, oder eine Art Schuldgefühl. Etwas Unheimliches, Merkwürdiges, Nagendes.

Und das ist doch lächerlich! Thomas Hoffnunger hat sich erhängt. Das gibt es ab und zu, daß sich einer erhängt. Und keiner hat Schuld: Er muß wissen, warum er es getan hat!

Werner Schmidli

Ich habe ihn damals gefunden. Eigentlich zufällig. Das war am Siebzehnten, nachmittags. Ich hatte schon zwei Tage lang bemerkt, daß in seiner Wohnung Licht brannte, Tag und Nacht. Und an diesem Nachmittag bin ich dann hinaufgegangen, in den Zweiten. Ich klopfte, läutete, rief und läutete wieder.

Schließlich habe ich die Klinke niedergedrückt. Es erstaunte mich, daß die Tür nicht verschlossen war. Ich bin eingetreten. Herr Hoffnunger! habe ich gerufen. Laut und immer wieder. Dann wurde ich leiser, schwieg, denn ich sah hinter dem Vorhang, der Küche und Zimmer trennt und einen halben Meter über dem Boden beginnt, einen umgestürzten Stuhl. Nur einen Stuhl. Und doch ahnte ich in diesem Moment ein Unheil.

Dann läutete es. Ich erschrak. Aber ich drückte doch den Türöffner. Und dann schob ich den Vorhang zur Seite, machte zwei, drei Schritte rückwärts. Ich glaube, ich habe Nein! geschrien. Fast im gleichen Moment, als eine Stimme von der Tür her rief: Hallo, Thomas! Eine helle Mädchenstimme. Rückwärts trat ich in die Küche, noch immer den Erhängten vor Augen: an einer frisch angenagelten Dachlatte – quer über die Deckenbalken – hing er, zwischen Schnüren mit prachtvollen Muscheln und einem riesenhaften, alten Fischernetz, das auch voller Muscheln hing. Dann wandte ich mich plötzlich ab; ich konnte den Anblick nicht mehr länger ertragen. Und stand dem Mädchen gegenüber, blond und groß war es.

Und sehr erstaunt, die Augen etwas spöttisch, fragend und frech. Und da sagte ich: Er hat sich erhängt. Das muß schrecklich für das Mädchen gewesen sein, als ich das sagte. Ich kann nichts dafür: Es ist einfach aus mir herausgeschossen. Und auch in diesen Augen, diesen blauen Augen, die plötzlich nicht mehr frech blickten, auch nicht spöttisch, nur noch erschreckt, sah ich das Merkwürdige, das ich bei allen Hausbewohnern gesehen hatte. Auch bei mir, als ich mich im Spiegel betrachtete...

Wenn ich beim Erzählen so weit gekommen bin, wo das blonde Mädchen auftaucht, wenn ich dann weiterrede, immer weiter, haargenau berichte, auseinanderbreite, in Details gehe, fühle ich selber, daß etwas mit mir geschieht, sehe es an den Leuten, die in der Küche stehen, mir zuhören und mich schweigend ansehen, oder sich mit den Augen an der Kaffeedose, am Spültisch, einer Tasse, am neuen Eisschrank, oder am Lautsprecher festklammern, an irgend etwas, als brauchten sie dringend einen Halt. Oder: Als müßten sie, durch ihre starre Aufmerksamkeit diesen Gegenständen gegenüber, mir etwas beweisen.

Und dann wird dieses Etwas, das Angst ist, Entsetzen, oder eine Art Scham, vielleicht ein Schuldgefühl, noch deutlicher, sogar klar, ja, faßbar, wenn ich weitererzähle: Da standen wir uns gegenüber, das blonde Mädchen und ich, und hinter dem Vorhang Thomas

Werner Schmidli

Hoffnunger, der sich erhängt hatte. Wir schwiegen und starrten einander an, und in dem jungen, blassen Gesicht lagen die eben noch frechen Augen wie zerbrochene Kristalle, und der Mund lallte leise: Nein, nicht jetzt...! Und dann fiel er zu, fiel einfach zu und hing wie ein mit den Spitzen nach unten gedrehter Halbmond im blutleeren Fleisch.

Er hat sich erhängt! sagte ich wieder. Ich sagte es ein paarmal. Und da erwachte das junge Mädchen, bewegte sich, sah plötzlich älter aus, erwachsen, traurig und verständnislos. Erst jetzt sah ich, daß es Schallplatten, Bücher und einen Grammoapparat unter den Armen trug.

Langsam ging das Mädchen in die Knie, ließ Bücher und Schallplatten und den Grammo zu Boden gleiten, setzte sich langsam dazwischen. Ich schwieg. Aber sie sagte etwas, schwatzte plötzlich los: von Telefonanrufen, Abmachungen, daß sie sehr beschäftigt gewesen sei, keine Zeit gefunden habe, bis heute, gerade heute, es habe ihm zwar versprochen vor zwei Tagen... nein, es sei etwas dazwischen gekommen. Und beide hätten sie doch jetzt Ferien. Zwei Wochen. Arbeiten in der gleichen Fabrik. Und dann sagte sie tonlos, und starrte mit ihren großen Augen auf den leeren Stuhl, auf dem Thomas sicher oft gesessen hatte: Heute wollte ich ihn überraschen mit meinem Besuch, ich dachte an einen netten Nachmittag, ich habe auch etwas Gebäck mitgebracht... wir haben doch beide Ferien, ich dachte... Und jetzt...

Sie starrte immer noch auf den leeren Stuhl; leer und schmutzig gähnte er sie an. Dann schüttelte sie langsam den Kopf und stand auf. Als sie ging, schweigend und etwas gebeugt, grußlos, da wollte ich ihr noch nachrufen, daß sie die Bücher, die Schallplatten und den Grammoapparat wieder mitnehmen solle, es sei ja jetzt unnütz.

Aber ich ließ es, trug alles in meine Wohnung. Dann rief ich die Polizei an.

Einiges habe ich aus den Zeitungen erfahren, einiges auf dem Präsidium. Die Hausbewohner lesen doch sicher auch Zeitungen, aber noch immer kommen sie und fragen. Und ich erzähle, berichte haargenau, erspare ihnen nichts. Erspare auch mir nichts. Es ist fast so, als wollten sie, daß ich sie mit dem Bericht quäle, ja, sie wollen gequält werden. Auch ich quäle mich dabei. Ich weiß jetzt auch – alle wissen es –, daß Hoffnunger sich am Fünfzehnten zwischen acht und neun Uhr abends erhängt hat. An diesem Tag, so zwischen sieben und acht Uhr abends, da hat er ungefähr fünfmal an meiner Wohnungstür geläutet. Er hat müde ausgesehen, verstört – scheint mir jetzt. Und entmutigt. Ach was! Das bilde ich mir jetzt nur ein. Die anderen Hausbewohner wissen das bestimmt auch, darum immer der merkwürdige Ausdruck in den Augen, als wollten sie etwas damit verdecken. Ja, etwas verdecken, das sie nicht getan haben. Eben *nicht* getan haben. Und ich auch nicht. Blödsinn, was ich da schwatze! Alles nur Einbildung. Fünfmal läutete er mich hinaus. Einmal wollte er die Zeit wissen. Wie kindisch und einfältig. Es gibt überall Uhren! Ohne Hemd, gerade beim Rasieren unterbrochen, ging ich zur Tür, ich war in Eile: Mein Kegelabend begann um acht. Zehn Minuten später wollte er eine Schnur. Dann Nägel und Leim. Zuletzt, bevor ich weggehen wollte, borgte er sich den Hammer aus. Ich gab ihm den Hammer. Spielerisch wog er ihn in der Hand, lehnte am Türpfosten und sah mich stumm an. Plötzlich redete er von seiner Mutter, die vor einem Jahr gestorben sei, von der Freudlosigkeit des Lebens, vom Alleinsein. Ich finde nirgends Anschluß, sagte er. Ich bin zu ernst, und ich nehme auch alles zu ernst. Ich ertrag keine laute Gesellschaft. Keine lärmigen Mädchen... ich möchte plaudern, diskutieren, über etwas Sinnvolles, aber es ist schwer... Ich hörte ihm kaum zu. Ich war in Eile. Es hatte auch keinen Zusammenhang, was er da schwatzte. Alles sprudelte durcheinander.

Er habe sich einen Kaffee gekocht. Ob ich Lust hätte mitzumachen? Er könnte mir dann gerade seine Muschelsammlung zeigen. Stundenlang sei er am Meeresstrand auf- und abgegangen, in Gluthitze, mit brennenden Augen, und habe nach ganz besonderen, schön gezeichneten Stücken... Ich drängte ihn zur Tür hinaus: Ich hatte noch knapp zehn Minuten, um rechtzeitig zu meinen Kollegen zu kommen. Sicher warteten sie schon ungeduldig auf mich.

Es tut mir leid, sagte ich, bin verabredet. Ein anderes Mal... Dann ging ich. Ich hörte ihn langsam die Treppe hochsteigen, als ich auf den Lift wartete. Dann ging ich doch zu Fuß: es war ja nur ein Stockwerk. Und ich hatte Hoffnunger den Hammer gegeben. Ich dachte mir nichts dabei, hatte Muscheln, Kaffee, Gluthitze und Hammer schon vergessen, als ich die Wohnung verließ. Erst, als ich spät nachts nach Hause kam, sah ich noch Licht in seiner Wohnung. Aber auch dann dachte ich mir nichts dabei. Vor meiner Wohnungstür, in die Türnische gelehnt, lag der Hammer. Ich weiß noch: Kopfschüttelnd und lächelnd bin ich in meine Wohnung gegangen. Den Hammer legte ich achtlos auf den Küchentisch.

Ich war so müde, und mein rechter Arm schmerzte. Ich habe an nichts anderes gedacht, als sofort zu Bett zu gehen.

Nun will bald niemand mehr hören, wie ich ihn gefunden habe. Aber die Leute behalten das Grüßen bei. Ich nehme es einfach hin. Freude macht es mir nicht. Auch ist das junge Mädchen gekommen und hat den Grammo, die Schallplatten und die Bücher geholt. Ich wollte einen Kaffee machen, das Gebäck öffnen; das Mädchen schüttelte nur den Kopf. Behalten Sie das Gebäck, sagte sie. Und ist sofort weggegangen. Ich habe das Gebäck bis jetzt noch nicht gegessen.

Nur als der Dicke vom Fünften kurz bei mir war, um

Nägel zu holen, da mußte ich nochmals alles erzählen. Zuletzt sagte er nur: Man hängt sich doch nicht mir nichts dir nichts auf. Also ich weiß nicht, ich meine, ich kenne ihn auch gar nicht näher, er wohnte doch... Bald vier Jahre, im Juni wären es genau vier Jahre, unterbrach ich ihn. Meine Stimme war laut, böse und anklagend. Da war etwas in meiner Stimme. Und ich hatte doch kein Recht dazu, diesen Ton in meine Stimme zu legen. Da ging der Dicke mit den Nägeln und sagte noch: Mir kann es ja gleichgültig sein, mische mich auch nicht in die Angelegenheiten anderer Leute ein. Und was ändert...

Und da schlug ich ihm die Tür vor der Nase zu. Ich hätte ihm die Nägel einzeln in seinen dicken Schädel schlagen können, und zwar mit dem gleichen Hammer, den sich Hoffnunger ausgeliehen hatte, um die Dachlatten an die Balken zu nageln.

Aber ich habe kein Recht, mich so aufzuspielen, nicht das geringste. Niemand im Haus. Keiner.

Und er, Hoffnunger, war doch am Fünfzehnten bei mir. Ein paarmal. Und er borgte sich den Hammer aus. Er borgte sich auch Worte aus, aber ich... Es ist vorbei, nicht egal, aber vorbei. Ich glaube jetzt ganz genau zu wissen, was in allen Augen steht, wenn ich erzähle, wie ich ihn gefunden habe...

Nun wohnt ein Student im Zweiten. Er ist auch allein hier, die Eltern leben in einer andern Stadt. Er ist sehr freundlich. Und alle im Hause sind freundlich zu ihm. Neulich war ich in seiner Wohnung; ich interessiere mich in letzter Zeit sehr für Botanik. Wir haben dann einen Kaffee gemacht. Ich habe das Gebäck mitgebracht, das von dem blonden Mädchen. Wir haben uns noch lange unterhalten, der Student und ich. Dann wollte er auch etwas über Hoffnunger erfahren. Nicht über seinen Tod, oder wie ich ihn gefunden habe. Nein, über sein Leben.

Aber ich konnte ihm nur sagen, daß er Muscheln gesucht hatte, stundenlang am Meeresstrand, in der Gluthitze und mit brennenden Augen, leere, farbige, schön gezeichnete Gehäuse...

BERNARD MALAMUD
Die Mieter

Eines Morgens, als der Schriftsteller, die Papiertüte mit Milch und Brot im Arm, seine dreifach verschlossene Tür öffnete, hätte er schwören können, daß er das Geräusch einer Schreibmaschine aus einer der anderen Wohnungen, die auf den Flur mündeten, hörte, und eine seltsame Minute lang spielte er mit dem Gedanken, er hätte sich selbst schwer arbeitend irgendwo zurückgelassen, während er ausgegangen war, um einzukaufen. Lesser wandte sich um und blickte in den schwach beleuchteten Flur.

Der leere Flur war leer.

Angestrengt horchte er, und obgleich er horchte, um nichts zu hören, hörte er den gedämpften Anschlag, ganz sicher von einer Schreibmaschine. Obgleich ihm dieses Geräusch so vertraut war, hatte er das Gefühl, es zum ersten Mal in seinem Leben zu hören, ein Gefühl, das von Eifersucht nicht frei war. Er hatte zu lange an einem Buch gesessen – war hier jemand, der auch eins schrieb? Lesser spürte, wie seine Körpertemperatur sank und spürte ein Prickeln im Nacken, aber dann dachte er: Tippen ist Tippen, und eine Schreibmaschine ist, wenigstens solange sie benutzt wird, keine tödliche Waffe. Aber dann kam noch ein Gedanke, der ihm großes Unbehagen verursachte: Wer war der unbekannte Schreiber?

Lesser betrat seine Wohnung, verstaute die Lebensmittel und ging dann wieder in den Flur, um zu horchen. Er schlicht vorsichtig an einer Tür vorbei, dann an einer fehlenden. Er steckte den Kopf in den dunklen, offenen Raum. Er konnte wahrhaftig nichts hören. Dann untersuchte er die andere Seite des Flurs, blieb vor jeder Tür am Ende der Etage länger stehen, angestrengt horchend, woher das dauernde Klicken käme. Er ging wieder zur anderen Seite hinüber und stellte schließlich fest, daß es aus seiner Nachbarwohnung kam, aus Holzheimers Wohnung. Er war erstaunt, so weit weg gesucht zu haben und es so nahe zu finden.

Er wünschte, Holzheimer wäre hier und begleitete ihn an diesem unbewohnten Ort. Natürlich war der alte Mann weg, und außerdem konnte er nicht tippen. Die Tür war nur angelehnt. Lesser horchte mit gesenktem Kopf. Plack, plack, placketi, plack. Hatte Levenspiel hier ein Spitzelbüro installiert, eine Unterabteilung des CIA, die Lesser belauschten, wie er einen subversiven Roman schrieb? Jeder Buchstabe, den er zu Papier brachte, genau abgefangen, auf einen Bildschirm geworfen im Büro des Generalstaatsanwalts, Justizministerium, Washington, D. C.? Um die Ungewißheit zu beenden, gab er der offenen Tür einen mutigen Stoß, und sie schwang kreischend nach innen. Er war bereit wegzulaufen, aber es tauchte niemand auf, er mußte eintreten.

In Holzheimers früherer Küche, den winterlichen Fenstern gegenüber, daß ein schwarzer Mann am hölzernen Küchentisch und tippte, Lesser den Rücken zugekehrt. Obgleich es im Zimmer spürbar kalt war – die Heizkörper waren entfernt, die Rohre versiegelt worden, um eine Überschwemmung zu verhindern –, trug er einen Overall, dessen Träger über einem grünen, handgestrickten Pullover gekreuzt waren. Die Ärmel waren an den Ellbogen durchgescheuert und ließen die weißen Hemdsärmel sehen. Der Schwarze kam ihm zuerst sehr groß vor, aber es stellte sich heraus, daß seine Schreibmaschine groß war; er selbst war, obwohl breitschultrig, mit starken Armen und kräftig gebaut, nur von mittlerer Größe. Den Kopf hielt er über eine alte L. C.-Smith-Maschine gebeugt, sie stammte aus der Zeit vor dem Ersten Weltkrieg und ähnelte einer kleinen Festung.

Der Mann, den Kopf in Konzentration geneigt, bemerkte Lesser nicht und tippte energisch mit zwei dikken Fingern. Obwohl Harry darauf brannte, wieder an die Arbeit zu kommen, wartete er und fühlte mindestens zweierlei: Verlegenheit über sein Eindringen; Wut auf den schwarzen Eindringling. Was denkt er sich eigentlich, hier hereinzukommen? Warum ist er gekommen? woher? – und wie werde ich ihn wieder los? Wo soll ich die Zeit dazu hernehmen? Er dachte daran, Levenspiel anzurufen, aber vielleicht steckte der dahinter. Da er schon so lange gewartet hatte, daß der andere von seiner Gegenwart Notiz nahm – es war ihm unmöglich, einen Menschen beim Schreiben zu unterbrechen – wartete er, auch wegen einiger grundlegender Informationen, noch länger. Der Schwarze mußte gemerkt haben, daß jemand dastand, denn durch die offene Tür kam Durchzug, und Lesser hatte einmal geniest; aber der Mann drehte sich nicht um, um Lesser oder irgend jemand, der da gestanden hätte, anzusehen. Er tippte in ernsthafter Konzentration, bedachte jedes Wort, hackte es dann wie Kolbenstöße mit seinen gedrungenen, dick-knöcheligen Fingern aufs Papier. Der Raum erzitterte von diesen Stößen. Dies dauerte volle fünf Minuten, und Lesser kochte vor Zorn. Als der Schreiber dann den Kopf wandte, ein spitzbärtiger Mann mit sehr dunkler Haut, zeigte sich in seinen großen feuchten Augen, die auf der Stelle zu schweben schienen, während er den Schriftsteller anstarrte, eine Abwesenheit, so rein, daß sie bedrohlich wurde, gleichzeitig eine Spur von Angst, die, das fühlte Lesser, Lessers Angst reflektierte. Sein Kopf war groß, die Lippen mäßig dick, sinnlich, die Nasenflügel breit. Seine Augen waren vor Konzentration geschwollen, aber er war jung und sah nicht schlecht aus, so als betrachte er sich selbst als einen nicht übel aussehenden Mann und als hülfe ihm das. Trotz der Kälte schien er zu schwitzen.

»Mann«, sagte er klagend, »können Sie nicht sehen, daß ich an meinem Buch schreibe?«

Harry entschuldigte sich und bestätigte es. »Ich bin selber Schriftsteller.«

Diese Bemerkung brachte weder Donner noch Blitz hervor, auch nicht die kleinste Bewunderung. Der Schwarze starrte Lesser an, als habe er nicht gehört, und der Schriftsteller dachte, er wäre vielleicht etwas schwerhörig, bis der Mann reagierte: er atmete erleichtert auf – vielleicht weil er jetzt wußte, daß er es nicht mit dem Hauseigentümer zu tun hatte? Hatte er gebluff? Ein Lächeln schien möglich, kam aber nicht zustande.

Auf dem Tisch lag zur Linken des schwarzen Schriftstellers ein Stapel abgegriffener, etwas schmutziger Manuskriptseiten, von denen, so kam es Harry vor, ein unangenehmer Geruch aufstieg. Dann bemerkte er, daß der Mann seine orangefarbenen Arbeitsschuhe ausgezogen hatte und in weißen wollenen Tennissocken dasaß und schrieb. Sogar jetzt wackelte er mit den Zehen. Schwer zu sagen, ob der schwefelige Geruch vom Manuskript kam oder von den Füßen auf dem Boden. Vielleicht bin ich es, dachte Lesser, vielleicht ist es der Geruch der Angst. Jedenfalls, etwas roch unangenehm.

Dann, um zur Sache zu kommen, der Ursache von allem – dem Grund, warum er gewartet hatte, um mit dem schwarzen Schriftsteller zu sprechen und die Lage zu klären –, sagte Lesser: »Ich wohne allein hier im Haus, allein auf diesem Stockwerk. Ich versuche, ein Buch zu beenden.«

Der Fremde reagierte auf diese Nachricht, indem er gedankenvoll mit den Augen rollte.

»Junge, das ist ein schweres und einsames Leben.« Seine Stimme war tief, klangvoll, rauh. Als wolle er von einer Entscheidung berichten, die er endgültig getroffen hatte, bemerkte er dann: »Ich werde von jetzt an jeden Tag hier arbeiten, und zwar so, wie die Umstände es ermöglichen.«

»Wollen Sie damit sagen, daß Levenspiel es Ihnen erlaubt?« Lesser fühlte, daß er drauf und dran war, in Panik zu geraten. Er sah in der Anwesenheit des Mannes auf dem Stockwerk eine ernsthafte Bedrohung, vielleicht war es die letzte Variante der Schikanen des Hausbesitzers.

»Was für'n Typ ist das?«

»Der Eigentümer dieses Gebäudes, ein armer Kerl. Haben Sie ihn nicht getroffen – ich meine, hat er nicht vorgeschlagen, daß Sie hier arbeiten sollen?«

»Ich interessiere mich nicht für jüdische Hauswirte. Ich bin auf der Suche zufällig hier vorbeigekommen und habe mich gleich einquartiert. Den Tisch hab ich im Keller gefunden und den Stuhl in der Etage darunter, aber das Licht ist hier oben besser, darum bin ich hier hinauf gezogen. Ich suchte einen ruhigen Ort, wo ich schreiben kann.«

»Was schreiben Sie denn, wenn ich fragen darf?«

»Das ist eine persönliche Frage, und was ich schreibe, geht nur mich was an.«

»Natürlich. Ich war nur neugierig und wollte wissen, ob Sie einen Roman schreiben oder sonst was.«

»Es könnte ein Roman sein und trotzdem wirklich.«

»Niemand würde dem widersprechen.«

Der Schwarze sagte, sein Mädchen sei Off-Broadway-Schauspielerin. »Wenn sie morgens nicht arbeiten geht, das heißt immer, wenn sie keine Probe hat, ist die Wohnung zu eng für uns beide. Sie hängt rum und mischt sich in meine Gedanken, und ich kann nicht an der Arbeit bleiben. Ich will nicht sagen, daß ich was gegen ihre Gesellschaft habe, besonders wenn er mir steht, wohl aber, wenn ich was im Kopf habe, was ich schreiben muß.«

Lesser nickte; er kannte die Geschichte.

Er sagte dem Fremden, daß Levenspiel versucht habe, ihn rauszuschmeißen, damit er das Gebäude abreißen konnte.

»Aber ich stehe unter Mieterschutz, darum muß er mich noch eine Zeitlang ertragen. Mein Name ist Harry Lesser.«

»Willie Spearmint.«

Kein Händeschütteln, obgleich Harry bereit war, sogar schon seine weiße Pfote ausgestreckt hatte. Da blieb sie – ausgestreckt. In seiner Verlegenheit war Lesser versucht, eine Komödie daraus zu machen: Charlie Chaplin mit seinem mottenzerfressenen Schnurrbart betrachtet seine empfindsame Flosse, um zu sehen, ob es eine Hand ist und kein Fisch, der zu dem Gruß ausgestreckt ist, bevor er ihr befahl, nach Hause zu kommen; aber schließlich zog Lesser die Hand zurück, gegen niemanden war Kritik beabsichtigt oder angedeutet. Wer sagt denn, daß man irgendeines Menschen Hand schütteln muß? Das stand nicht im vierzehnten Gebot. Er war nahe daran zu erklären, daß er als Junge jahrelang am Rande eines wimmelnden schwarzen Gettos in Süd-Chikago gewohnt hatte, daß er dort einen Freund gehabt hatte, ließ es aber schließlich doch. Wer interessierte sich schon dafür?

Lesser schämte sich, Willie Spearmint gestört zu haben. Wenn ein Mensch tippte – das war eine zivilisierte Handlung –, so sollte er tippen, wo er wollte. Kümmere dich um deine eigenen Angelegenheiten.

Von Willie kam keine Reaktion außer einem abwesenden Nicken.

»Es war eine Überraschung, hier oben jemanden zu finden, der tippt. Ich hatte mich daran gewöhnt, der einzige Mensch auf der Insel zu sein.«

Wie gegen seinen Willen – er biß sich auf die Zunge, denn Zeit war wesentlich, er kam schon verspätet an die Arbeit – hörte Lesser sich sagen: »Entschuldigen Sie, daß ich Sie unterbrochen habe. Ich gehe wohl besser wieder an meine Arbeit zurück – an meinen dritten Roman.«

»Also, noch einmal, verzeihen Sie. Ich hasse es auch, unterbrochen zu werden. Aber klopfen Sie, wenn nötig, an meine Tür, wenn Sie irgend etwas brauchen – Radiergummi, Bleistift, was auch immer. Ich bin in der Wohnung links von Ihnen und gewöhnlich am späten Nachmittag frei, wenn ich mein Tagespensum hinter mir habe – je später, desto besser.«

Willie Spearmint, offenbar nur mit seiner Arbeit beschäftigt, streckte beide grünbekleideten Arme in die Höhe, wedelte leicht und zufrieden mit seinen stummeligen Fingern, so daß Lesser ihn beneidete, dann beugte er sich über die große schwarze Maschine und machte wieder, auf die Wörter konzentriert, placketi plack wie zuvor. Ob Lesser noch da war, schien er nicht zu beachten.

Harry dachte in seinem Arbeitszimmer darüber nach, wie schön es doch, wenn man alles in Betracht zog, gewesen war, allein auf der Etage zu sein. In meiner Vorstellung bin ich ein einsamer Mensch, und das bedeutet, ich bin der richtige Mann für die Arbeit, die ich tue, und das heißt, auch unter diesen Umständen. Es mag mir zuwider sein, sechs dunkle Treppen hinaufzugehen und nicht zu wissen, wer mir als nächster begegnet: Mensch oder Tier – aber abgesehen davon hat mir dieses große leere Haus gefallen, Raum genug, in dem die Phantasie sich ergehen kann. Ein guter Arbeitsplatz, wenn Levenspiel anderswo seine Mieten kassiert oder sonstwie beschäftigt ist. Um ehrlich zu sein: ich könnte ohne Willie Spearmint fertig werden.

Kurz nach Mittag – nachdem in der Nähe eine Sirene ein paar Sekunden lang geheult hatte, um einen, falls man es vergessen hatte, an den gefährlichen Zustand der Welt zu erinnern – trat Willie mit dem Absatz eines Schuhs gegen Lessers Tür. In beiden Armen hielt er seine mächtige Schreibmaschine, sie drückte ihn beinahe zu Boden. Lesser konnte sich im ersten Augenblick der Überraschung nicht vorstellen, warum er gekommen war. Sein Anblick erschreckte ihn. Willie trug über seinem Overall eine blau-rote, sackähnliche afrikanische Tunika aus Wolle. Sein Haar war nicht im Afro-Look frisiert, wie Lesser gedacht hatte, sondern wie gegen den Strich zurückgekämmt, mit einem Scheitel auf der linken Seite. Am Hinterkopf stand sein Haar hoch wie ein Fußbodenbrett, das sich verzogen hat. Das drahtige Ziegenbärtchen, das unter seinem Kinn sproß, verlängerte sein Gesicht und schien seine hervorquellenden Augen noch zu betonen, von denen man mehr Weiß als Braun sah. Stehend war er etwa einsfünfundsiebzig, größer, als Lesser erwartet hatte.

»Könnte ich dieses Ding bis morgen früh hier parken? Ich habe Angst, daß es mir aus meinem Büro gestohlen wird. Ich hab es im Wandschrank versteckt, aber das ist kein Versteck, wenn jemand sucht.«

Nach einigem Zögern war Lesser einverstanden.
»Sind Sie durch für heute?«
»Was interessiert Sie das?«
»Nichts. Ich dachte nur –«

»Ich arbeite von acht bis zwölf oder so«, sagte der Schwarze, »vier volle Stunden Arbeit, und dann hau ich ab – Freunde besuchen und so. Worte niederschreiben ist, wie wenn man mit einem tonnenschweren Hammer aufs Papier haut. Wie lang bleiben Sie dran?«

Lesser sagte, etwa sechs Stunden täglich, manchmal länger.

Willie schwieg voller Unbehagen.

Harry fragte nach dem Manuskript. »Wollen Sie das nicht auch hier lassen? Ich brauche nicht zu sagen, daß ich seinen privaten Charakter respektieren würde.«

»Nein, mein Herr, nein Mensch. Das bleibt bei Papa. Dafür habe ich eine Mappe.«

Unter seinen linken Arm hatte er eine dicke Aktenmappe mit Reißverschluß geklemmt.

Lesser verstand seine Gefühle. Die Sicherheit des Manuskripts ist eine beständige Sorge. Er verwahrte eine Kopie seines Manuskripts im Safe einer nahegelegenen Bank.

»Wann ungefähr werden Sie kommen, um die Maschine zu holen?«

»So um acht herum, das heißt, wenn's Ihnen nicht zu sehr ins Fleisch schneidet. Wenn ich mal einen Tag nicht komme, machen Sie sich keine Sorgen.«

Dieser Mensch bürdet mir eine tägliche Verpflichtung auf. Aber nachdem er darüber nachgedacht hatte, sagte Lesser: »Um die Zeit bin ich auf, außer sonntags.«

»Sonntags bumse ich mit meiner Süßen.«

»Na, da beneide ich Sie.«

»Nicht nötig, Fleisch gibt's in Massen.«

»Die Frauen, die ich kennenlerne, wollen gewöhnlich geheiratet werden.«

»Von dem Typ würde ich mich fernhalten«, riet Willie. Er schleppte seine Schreibmaschine in Lessers Wohnung, und nachdem er sich im Wohnzimmer umgesehen hatte, stellte er sie mit einem Stöhnen unter einen kleinen runden Tisch am Fenster, auf dem auf einer Untertasse ein Geranientopf stand.

»Da wird sie nicht im Wege sein.«

Der Schriftsteller äußerte keinen Widerspruch.

»Mann, o Mann.« Willie starrte in neiderfülltem Entzücken auf die mit Büchern vollgestopften Regale: hochgestellte Bücher, Zeitschriften, ein paar kleine Kunstgegenstände. Er untersuchte Lessers Stereoanlage, durchwühlte langsam einen Stapel Schallplatten, wobei er Titel und Künstlernamen laut las und sich dabei über ein paar Namen lustig machte, die er nicht aussprechen konnte. Eine Bessie Smith überraschte ihn.

»Was bedeutet Ihnen dieses Mädchen?«

»Sie ist echt, sie spricht zu mir.«

»Sprechen heißt nicht erzählen.«

Lesser wollte nicht streiten.

»Sind Sie Experte in schwarzen Erfahrungen?« fragte Willie listig.

»Ich bin ein Experte im Schreiben.«

»Ich hasse diese ganze Scheiße, wenn Weiße einem was über Schwarze erzählen.«

Willie schlenderte in Lessers Arbeitszimmer. Er setzte sich an seinen Schreibtisch, befingerte seine Schreibmaschine, prüfte die Polsterung der Couch, öffnete den Wandschrank, schaute hinein, schloß die Tür wieder. Er stand an der Wand und betrachtete ein paar kleine Drucke, die der Schriftsteller gesammelt hatte.

Lesser sprach von dem Geld, das er für den Film erhalten hatte. »Ich habe vor acht Jahren vierzigtausend Dollar für eine Verfilmung bekommen und es mir in Raten auszahlen lassen. Davon ging die Provision meines Agenten ab. Dann habe ich von ungefähr viertausend im Jahr gelebt und bin bis jetzt ganz gut hingekommen.«

»Mann, wenn ich den Zaster hätte, wär ich Herrscher über Monte Shit. Was wollen Sie machen, wenn es alle ist?«

»Es ist fast alle. Aber ich hoffe, daß ich bis zum Sommer mein Buch fertig kriege, vielleicht auch früher, wenn ich Glück habe. Der Vorschuß, den ich dann bekomme, sollte zwei oder drei Jahre für das nächste Buch reichen. Das wird dann kürzer als dieses.«

»Brauchen Sie so lange, ich meine etwa drei Jahre?«

»Noch länger. Ich bin ein langsamer Arbeiter.«

»Dann arbeiten Sie doch schneller.«

Willie warf einen letzten Blick in die Runde. »Das ist 'ne geräumige Bude. Sollen wir nicht bald mal hier 'ne

Party schmeißen? Nicht diese Woche, aber vielleicht nächste. Diese Woche bin ich immer besetzt.«

Lesser war einverstanden. Obwohl er es nicht sagte, hoffte er doch, Willie würde ein paar Mädchen mitbringen. Er hatte noch nie mit einem schwarzen Mädchen geschlafen.

SYLVIA PLATH
Der Schatten

In dem Winter, in dem der Krieg anfing, fiel ich in der Nachbarschaft in Ungnade, weil ich Leroy Kelly ins Bein gebissen hatte. Selbst Mrs. Abrams von gegenüber, die ihren Sohn an der Technischen Hochschule und keine Kinder in unserem Alter hatte, und Mr. Greenbloom, der Kaufmann an der Ecke, bezogen Stellung: Alle waren für die Kellys.

Eigentlich hatte man mich wegen Notwehr mit einem sauberen Freispruch laufen lassen sollen, aber aus irgendeinem Grund schienen damals die alten Ideale der Washington Street von Fairneß und Ritterlichkeit nicht zu gelten.

Trotz des Drucks aus der Nachbarschaft sah ich keinen Grund mich zu entschuldigen, es sei denn, Leroy und seine Schwester Maureen würden sich ebenfalls entschuldigen, denn schließlich hatten sie die ganze Sache angefangen. Mein Vater sah überhaupt keinen Grund für eine Entschuldigung meinerseits, und Mutter fiel deshalb über ihn her. Von meinem Horchposten im Flur versuchte ich, das Wesentliche ihres Gesprächs mitzukriegen, aber sie redeten erhitzt am Thema vorbei, irgendwas über Aggression und Ehre und passiven Widerstand. Es dauerte eine geschlagene Viertelstunde, bis ich dahinterkam, daß das letzte, was sie in ihrem Kopf bewegten, die Frage meiner Entschuldigung war. Keiner von ihnen kam mir gegenüber auf das Thema zurück, woraus ich schloß, daß Vater gewonnen hatte, ebenso, wie er in Sachen Kirche gewonnen hatte.

Jeden Sonntag machten Mutter und ich uns auf den Weg zur Methodistischen Kirche, wo wir häufig die Kellys oder die Sullivans oder beide auf ihrem Weg zur Elf-Uhr-Messe in St. Brigid begrüßten. Unsere gesamte Nachbarschaft strömte in Scharen in die eine oder andere Kirche; und wenn es keine Kirche war, dann eine Synagoge. Nur mein Vater ließ sich von Mutter nie überreden, mit uns zu kommen. Er trödelte zu Hause herum, bei schönem Wetter im Garten, bei schlechtem in seinem Arbeitszimmer, rauchend und deutsche Aufsätze korrigierend. Ich stellte mir vor, daß er soviel Religion in sich hatte, wie er brauchte, und daß es ihn nicht wie Mutter danach verlangte, wöchentlich aufgefüllt zu werden.

Gewinn oder Verlust, meine Mutter konnte jedenfalls vom Predigen nicht genug kriegen. Dauernd war sie hinter mir her, daß ich demütig sein solle, barmherzig und reinen Herzens: ein rechter Friedensstifter. Mutters Sermon über »Gewinnen, ohne sich zu wehren« konnte nach meinen Erfahrungen nur funktionieren, wenn man schnell rennen konnte. Wenn jemand auf dir sitzt und dich mit seinen Fäusten bearbeitet, bringt ihre These ebensoviel wie ein Heiligenschein aus Papier, was mein

Scharmützel mit Maureen und Leroy ja ausreichend bewiesen hatte.

Die Kellys wohnten neben uns in einem gelben Fachwerkhaus mit Türmchen, einer durchhängenden Veranda und orange- und purpurfarbenen Fensterscheiben über dem Treppenabsatz. Aus Bequemlichkeit stufte meine Mutter Maureen als meine beste Freundin ein, obwohl sie ein Jahr jünger und in der Schule eine Klasse unter mir war. Leroy, genauso alt wie ich, war viel interessanter. Er hatte in seinem Zimmer auf einer großen Sperrholzplatte ein ganzes Eisenbahndorf aufgebaut, das kaum Platz ließ für sein Bett und den Detektorempfänger, an dem er bastelte. Zeitungsausschnitte von Ripleys *Believe It or Not* und Zeichnungen grüner Männer mit Heuschreckenantennen und feuerspeienden Revolvern, die er aus diversen, von ihm abonnierten Science-fiction-Zeitschriften ausgeschnitten hatte, bedeckten die Wände. In bezug auf Mondraketen war er tonangebend. Wenn Leroy in der Lage war, ein Radio mit Kopfhörer zu basteln, mit dem er sich in reguläre Programme wie *Der Schatten* und *Licht aus* einschalten konnte, würde er wohl auch, wenn er ins College kam, Mondraketen erfinden können. Ich für meinen Teil favorisierte Mondraketen viel mehr als Puppen mit auf- und zuklappenden Glasaugen, die wah-wahten, wenn man sie auf den Kopf stellte.

Maureen Kelly gehörte zur Puppenfraktion. Alle

nannten sie einen süßen Fratz. Maureen war selbst für eine Siebenjährige zierlich, mit seelenvollen Augen und natürlichen Ringellöckchen, die Mrs. Kelly mittels einer feuchten Bürste um ihre fetten Wurstfinger lockte. Maureen kannte auch den Trick, ihre Augen plötzlich in unschuldige, tränenreiche Seen zu verwandeln, was zweifellos eine gut studierte Imitation der heiligen Theresia vom Kinde Jesu war, die über ihrem Bett hing. Wenn sie ihren Willen nicht bekam, hob sie einfach diese braunen Augen gen Himmel und heulte. »Sadie Shafer, was machst du mit der armen Maureen?« Irgend jemandes Mutter, die mehlbestäubten oder abwaschfeuchten Hände abwischend, würde in der Tür oder am Fenster auftauchen, und keine hundert ehrlichen Pfadfinderinnen aus der Gegend als Zeugen konnten sie überzeugen, daß ich Maureen nicht über alles menschliche Gefühl hinaus peinigte. Nur weil ich für mein Alter groß war, handelte ich mir alle anfallende Schelte ein. Ich fand nicht, daß ich das verdient hatte, ebensowenig wie ich die volle Last der Schuld, Leroy gebissen zu haben, verdiente.

Die Tatsachen des Kampfes waren klar genug. Mrs. Kelly war zu Greenblooms runtergegangen, um Gelatine für einen dieser glibbrigen Plastiksalate, die sie dauernd machte, zu holen. Maureen und ich saßen zusammen auf der Couch in Kellys Stube und schnitten den Rest der Garderobe für ihre Anziehpuppen, die Bobbsey-Zwillinge, aus.

»Ich will jetzt die große Schere haben.« Ein zarter Seufzer von Maureen ob der vorherigen Zumutung folgte. »Ich hab meine satt, sie machen nur so kleine Schnitte.«

Ich sah von dem Matrosenanzug für den Bobbsey-Jungen nicht auf. »Du weißt doch, daß deine Mutter nicht will, daß du sie benutzt«, sagte ich vernünftig. »Das ist ihre beste Nähschere, und sie hat gesagt, daß du sie erst benutzen darfst, wenn du größer bist.«

Darauf legte Maureen eine ihrer Woolworth-Scheren mit den stumpfen Spitzen hin und fing an, mich zu kitzeln. Gekitzelt zu werden führt bei mir zu hysterischen Anfällen, was Maureen wußte.

»Hör mit dem *Blödsinn* auf, Maureen!« Ich sprang von der Couch auf den schmalen Läufer, außerhalb ihrer Reichweite. Wahrscheinlich wäre nichts weiter passiert, wenn Leroy in diesem Moment nicht reingekommen wäre.

»Kitzel sie! Kitzel sie!« schrie Maureen und hüpfte auf der Couch herum. Warum Leroy so darauf einging, bekam ich erst ein paar Tage später heraus. Bevor ich an ihm vorbei und durch die Tür flitzen konnte, hatte er mir blitzschnell den Läufer unter den Füßen weggezogen und hockte auf meinem Bauch, Maureen neben sich, die mich kitzelte, wobei ihr Gesicht in feigem Vergnügen strahlte. Ich wand mich; ich kreischte. Wohin ich auch sah, es gab kein Entkommen. Leroy hatte meine Arme gefesselt, und Maureen befand sich nirgendwo im Bereich meiner wilden Tritte. Deshalb tat ich das einzige, was ich noch tun konnte... Ich drehte meinen Kopf und grub meine Zähne in das nackte Stück Haut genau über Leroys linker Socke, die, ich hatte Zeit, das festzustellen, nach Mäusen roch, und ließ meine Zähne so lange dort, bis Leroy von mir abließ. Stöhnend fiel er zur Seite. In diesem Moment betrat Mrs. Kelly das Haus.

Den diversen Nachbarn erzählten die Kellys, daß ich Leroy blutig gebissen hätte, aber nachdem die Aufregung sich gelegt hatte und Leroy und ich wieder miteinander redeten, beichtete er mir, daß das einzige Zeichen meines Bisses ein paar dunkelrote Zahnabdrücke gewesen waren, die allmählich gelb wurden und nach ein, zwei Tagen gänzlich verblaßt waren. Den Trick mit dem Läufer hatte Leroy aus einem Green-Hornet-Comic, den er mir später auslieh. Er zeigte mir die Stelle, wo die Grüne Hornisse, in die Enge getrieben durch die Pistole des Spions knapp einen Meter vor seiner Nase, unterwürfig fragt, ob sie die gerade fallengelassene Zigarette aufheben dürfe und sie bitte schön, schließlich die letzte auf Erden, zu Ende genießen dürfe. Der Spion, von seinem sicheren Triumph überwältigt, ignoriert die Tatsache, daß er am Ende eines schmalen Läufers steht, und sagt mit verhängnisvoller Selbstgefälligkeit: »Natürlich!« Eine tiefe Kniebeuge, eine rasche Drehung des Handgelenks, und die Grüne Hornisse hat dem Spion den Läufer unter den Füßen weggezogen, er liegt flach auf dem Boden, die Pistole hat nun die Grüne Hornisse, und die Sprechblase ist vollgestopft mit Sternchen und Ausrufezeichen. Vielleicht hätte ich es genauso gemacht, wenn ich Leroys Chance gehabt hätte. Wenn der Läufer nicht unter meinen Füßen gewesen wäre, hätte Leroy zweifellos über Maureens albernes Gekreische verächtlich hinweggesehen, und wir beide hätten sie absolut kalt allein gelassen. Nun, wie immer auch die Aufschlüsselung von Ursache und Wirkung die Folgerichtigkeit von Ereignissen zu erhellen vermag, an den Ereignissen ändert das nichts.

An diesem Weihnachtsfest blieb unser üblicher Früchtekuchen von Mrs. Abrams aus; die Kellys bekamen ihn. Selbst nachdem Leroy und Maureen und ich längst wieder miteinander klar waren, nahm Mrs. Kelly die morgendlichen Kaffeestunden am Samstag mit meiner Mutter, die sie in der Woche unseres Streits abgebrochen hatte, nicht wieder auf. Ich ging weiterhin zu Greenblooms, um Comics und Süßigkeiten zu kaufen, aber auch dort war die nachbarliche Kaltfront deutlich zu spüren. »Irgendwas Kleines, um die Zähne zu schärfen, he?« Mr. Greenbloom senkte seine Stimme, obwohl niemand sonst im Laden war. »Paranüsse, Krachmandeln, etwas Hartes?« Sein fahles, spießiges Hängebackengesicht mit den rotumränderten schwarzen Augen faltete sich nicht zu dem üblichen Lächeln, sondern blieb starr und düster, eine knittrige, kummervolle

Maske. Ich war drauf und dran, herauszuplatzen: »Es war nicht meine Schuld. Was hätten Sie denn gemacht? Was hätte ich an Ihrer Stelle tun sollen?« als ob er mich direkt wegen der Kellys angegriffen hätte, obwohl nichts dergleichen über seine Lippen gekommen war. Ständer über Ständer mit den neuesten grellbunten Comic-Heften – *Superman*, *Wonder Woman*, *Tom Mix* und *Mickey Mouse* – verschwammen in einem nebligen Regenbogen vor meinen Augen. Ich befühlte das dünne Zehncentstück, ein abgepreßter Taschengeldvorschuß, in meiner Jackentasche und hatte nicht das Herz, zwischen ihnen zu wählen. »Ich – ich glaube, ich komme nachher noch mal vorbei.« Ich weiß nicht, warum ich mich genötigt fühle, jede meiner Handlungen entschuldigend erklären zu müssen.

Zunächst hielt ich den Streit mit den Kellys für einen klaren Fall, unbeeinträchtigt von irgendwelchen Gefühlswallungen von außen – unzerteilt und in sich geschlossen wie die kugeligen roten Tomaten, die meine Mutter zum Ende des Sommers in luftdichten Weckgläsern einmachte. Wenn mir auch die abschätzige Behandlung der Nachbarn falsch vorkam, sogar befremdlich übertrieben – denn sie betraf meine Eltern ebenso wie mich –, zweifelte ich nie daran, daß früher oder später die Gerechtigkeit siegen würde. Wahrscheinlich lag es an meinen Lieblingsradiosendungen und Comics, daß ich nur diesen schmalen Ausschnitt und den in den einfachsten Farben sah.

Nicht, daß mir nicht klar war, wie niederträchtig Menschen sein können.

»Wer weiß, welches Übel im Herzen der Menschen lauert?« lautete jeden Sonntagnachmittag die rhetorische Frage, die der Schatten mit nasaler, höhnischer Stimme stellte. »Der Schatten weiß es, huuu, huuu, huuu, huuu.« Jede Woche lernten Leroy und ich unsere Lektion: Unschuldige Opfer verwandelte man irgendwo mittels teuflischer, experimenteller Drogen in Ratten, verbrannte ihre nackten Füße mit Kerzen und verfütterte sie im Hallenbad an Piranhas. Hinter verschlossenen Türen, in meinem oder Leroys Zimmer oder im Pausengeflüster in einer Schulhofecke, teilten wir feierlich unser anwachsendes Beweismaterial über die abartigen, brutalen Gefühle, die in der Welt hinter der Washington Street und außerhalb des Bereichs der Hunnewell-Schule galten.

»Weißt du, was die in Japan mit den Gefangenen machen«, erzählte mir Leroy eines Samstagmorgens, kurz nach Pearl Harbor. »Sie binden sie an diesen Pfählen über der Bambussaat fest, und wenn es regnet, schießt der Bambus hoch, direkt durch ihren Rücken, und trifft das Herz.«

»Ach, so ein kleiner Schößling kann das nicht«, wandte ich ein. »Der wäre nicht stark genug.«

»Du hast doch vor Sullivans den Beton auf dem Bürgersteig gesehen, nicht – die ganzen komischen Risse darin, die jeden Tag größer werden. Guck dir mal an, was darunter hervorkommt.« Leroys Eulenaugen weiteten sich zu bedeutungsschwerer Größe.»Pilze! Kleine Pilze mit weichen Köpfen!«

Die Folge von des Schattens einleuchtendem Kommentar über das Übel war natürlich die Botschaft zum Abschied: »Das Unkraut des Verbrechens trägt *bittere* Frucht. Verbrechen zahlt sich nicht aus.« In seiner Sendung tat es das nie, wenigstens nie länger als fünfundzwanzig Minuten hintereinander. Wir hatten keinen Grund, uns zu fragen, *ob* die Guten siegen würden, sondern: *wie?*

Immerhin waren die Radiosendungen und die Comics ein schwer erkämpftes Zugeständnis; denn mir war klar, daß Mutter alles tun würde, um zu verhindern, daß ich Kriegsfilme sehe. (»Es ist nicht gut, wenn das Kind sich den Kopf mit diesem Schund füllt, die Verhältnisse sind schlimm genug.«) Als ich, ohne ihr Wissen, einen Film über ein japanisches Gefangenenlager gesehen hatte, was mir durch den schlichten Kunstgriff, zu Betty Sullivans Geburtstagsfeier zu gehen, gelungen war, die für zehn von uns die Einladung in eine Doppelvorstellung plus Eiscreme einschloß, gab mir Mutters Weisheit doch reichlich zu denken. Nacht für Nacht, als wären meine geschlossenen Lider eine private Kinoleinwand, wiederholte sich in giftigen Schwefelfarben die gleiche Szene: die sterbenden Männer in ihren Zellen, die, seit Tagen ohne Wasser, sich durch die Gitterstäbe der hörbar plätschernden Quelle in der Mitte des Gefängnishofes entgegenstreckten, eine Fontäne, an der sich die schlitzäugigen Bewacher mit sadistischer Häufigkeit und lautem Schlürfen gütlich taten.

Ich wagte nicht, Mutter zu rufen oder ihr meinen Traum zu erzählen, obwohl mich das beträchtlich erleichtert hätte. Wenn sie etwas von meinen zermürbenden Nächten mitbekommen hätte, wäre das das Ende für alle Filme, Comics oder Radiosendungen gewesen, die von den süßlichen Geschichten der Singing Lady abwichen; und zu diesem Opfer war ich noch nicht bereit.

Das Problem an diesem Traum war, daß mich mein fester Glaube an die letztendliche Gerechtigkeit verließ: Die Traumepisode hatte ihr ursprünglich gutes Ende – die Truppen der guten Seite brechen unter Hochrufen des Kinopublikums und der halbtoten Gefangenen siegreich in das Lager ein – verloren. Wenn eine vertraute Farbe – das Blau der Bucht von Winthrop und der Himmel darüber oder das Grün von Gras und Bäumen – plötzlich von der Welt verschwinden und an dessen Stelle ein pechschwarzes Loch hinterlassen würde, hätte ich nicht verwirrter und entsetzter sein können. Das alte Beruhigungsmittel »Es ist ja nicht wahr, es ist doch nur ein Traum« schien ebenfalls nicht mehr zu helfen. Die feindliche, drohende Aura des Alptraums sickerte irgendwie durch, um Teil meiner wachen Landschaft zu werden.

Der friedliche Rhythmus von Lern- und Pausenzeiten in der Hunnewell-Schule wurde jetzt immer öfter durch das heisere, tyrannische Schrillen des Fliegeralarms unterbrochen. Ohne zu drängeln und zu flüstern, wie wir es beim Feueralarm so gerne taten, nahmen wir unsere Mäntel und Bleistifte und marschierten hintereinander die knarrenden Stufen zum Schulkeller hinunter, wo wir uns, unseren farbigen Abzeichen entsprechend, in die zugewiesene Ecke hockten und die Bleistifte zwischen die Zähne steckten, damit wir uns nicht, wie es die Lehrer erklärt hatten, wegen der Bomben auf die Zunge bissen. Ein paar Kinder aus den unteren Klassen fingen immer an zu weinen; im Keller war es dunkel, nur eine nackte Birne an der Decke warf ihr trostloses Licht auf die kalten Steine. Zu Hause saßen meine Eltern sehr oft mit ernsten Gesichtern am Radio und lauschten den abgehackten Kurzmeldungen der Nachrichtensprecher. Wenn ich dazukam, entstand ein plötzliches, unerklärliches Schweigen, Trübsinn breitete sich aus, der durch eine unaufrichtige Ermunterung belebt wurde, die schlimmer war als der Trübsinn selbst.

So sehr ich auch auf das Phänomen des Bösen in der Welt vorbereitet war, so war ich doch – trotz aller zuversichtlichen Voraussagen auf einen abrupten Zusammenbruch – nicht bereit, zuzulassen, daß es sich auf diese hinterhältige Art, unkontrollierbar wie ein Pilz, ausbreitete und die Grenzen halbstündiger Radiosendungen, Comic-Hefte und Doppelvorstellungen am

Samstag überschritt. Ich hatte eine tiefverwurzelte Meinung über die Mächte des Guten, die mich beschützten: meine Eltern, die Polizei, das FBI, der Präsident, die Armee der Vereinigten Staaten, selbst über die symbolischen Verfechter des Guten aus wolkigeren Gefilden – den Schatten, Superman und den anderen. Von Gott selbst ganz zu schweigen. Zweifellos hatte ich, mit all denen um mich herum, Wall um Wall bis in die Unendlichkeit, nichts zu befürchten. Trotzdem hatte ich Angst. Offensichtlich gab es trotz meines beharrlichen Studiums der Welt etwas, das man mir nicht erzählt hatte; irgendein Teil des Puzzles fehlte in dem Gefüge.

Meine Mutmaßungen über dieses Geheimnis konzentrierten sich an jenem Freitag, als Maureen Kelly sich beeilte, mich auf dem Schulweg einzuholen. »Meine Mutter sagt, es ist nicht deine Schuld, daß du Leroy gebissen hast«, rief sie mit lauter, honigsüßer Stimme. »Meine Mutter sagt, es ist, weil dein Vater Deutscher ist.«

Ich war verblüfft. »Mein Vater ist kein Deutscher!« gab ich ihr Kontra, nachdem ich wieder Luft bekam. »Er ist... er ist aus dem Polnischen Korridor.«

Diese geographische Differenzierung war an Maureen verschwendet. »Er ist ein Deutscher. Meine Mutter hat's gesagt«, beharrte sie starrköpfig. »Und außerdem geht er nicht in die Kirche.«

»Und wie soll mein Vater schuld sein?« versuchte ich

den Kurs zu wechseln. »Mein Vater hat Leroy nicht gebissen. Ich war das.« Diese böswillige Verwicklung meines Vaters in einen Streit, den Maureen vom Zaun gebrochen hatte, machte mich wütend und ängstigte mich ein bißchen. In der Pause sah ich Maureen in einem Haufen anderer Mädchen die Köpfe zusammenstecken.

»Dein Vater ist Deutscher«, flüsterte Betty Sullivan mir in der Zeichenstunde zu. Ich entwarf gerade ein Zivilschutzabzeichen, einen weißen Blitz, der ein rotblau gestreiftes Feld diagonal teilte, und sagte, ohne aufzusehen: »Woher weißt du, daß er kein Spion ist?«

Ich ging nach der Schule direkt nach Hause, entschlossen, den Fall mit Mutter endgültig zu klären. Mein Vater gab zwar Deutschunterricht am City College, aber deshalb war er nicht weniger Amerikaner als Mr. Kelly oder Mr. Sullivan oder Mr. Greenbloom. Zugegeben, zur Kirche ging er nicht. Dennoch konnte ich nicht einsehen, was das oder sein Deutschunterricht im entferntesten mit meinem Krach mit den Kellys zu tun hatte. Das einzige, was ich verworren erkannte, war, daß ich durch die Tatsache, Leroy gebissen zu haben, auf irgendeinem obskuren Umweg Vater an die Nachbarn verraten hatte.

Langsam ging ich ins Haus und durch die Küche. Die Keksdose war bis auf zwei altbackene Ingwerplätzchen vom Schub letzter Woche leer. »Ma!« rief ich und steuerte auf die Treppe zu. »Ma!«

»Hier, Sadie.« Ihre Stimme klang dumpf und hallte,

als ob sie mich vom äußersten Ende eines langen Tunnels riefe. Obwohl das Licht der winterlichen Nachmittage an diesen kürzesten Tagen des Jahres früh erlosch, brannten im Haus keine Lampen. Ich nahm zwei Stufen auf einmal.

Mutter saß in dem großen Schlafzimmer im Dämmerlicht. Sie sah klein aus in dem großen Ohrensessel, wie in sich zusammengesunken. Selbst in diesem fahlen Licht konnte ich sehen, daß ihre Augen wundgerieben und in den Winkeln feucht waren.

Mutter tat kein bißchen überrascht, als ich erzählte, was Maureen gesagt hatte. Sie versuchte auch nicht, wie sonst, die Sache abzumildern, von wegen, Maureen wisse es nicht besser, sei noch so jung, und ich solle die Großzügige sein und ihr vergeben und vergessen.

»Daddy *ist* kein Deutscher, wo wie Maureen das gesagt hat«, fragte ich, um sicherzugehen, »oder?«

»Einerseits«, überraschte mich meine Mutter, »ist er es. Er ist deutscher Staatsbürger. Aber andererseits, da hast du recht, ist er nicht so ein Deutscher, wie Maureen meint.«

»Er würde doch niemanden verletzen!« platzte ich heraus. »Er würde für uns kämpfen, wenn er müßte!«

»Natürlich würde er das. Du und ich, wir wissen das.« Mutter lächelte nicht. »Und die Nachbarn wissen das. Dennoch, in Kriegszeiten werden die Menschen oft ängstlich und vergessen das, was sie wissen. Ich denke sogar, daß dein Vater uns deswegen für eine Weile verlassen muß.«

»Wird er eingezogen? Wie der Junge von Mrs. Abrams?«

»Nein, so nicht«, sagte Mutter langsam. »Im Westen gibt es Orte für deutsche Staatsbürger, wo sie für die Dauer des Krieges wohnen sollen, damit die Menschen sich vor ihnen sicherer fühlen. Man hat deinen Vater aufgefordert, dorthin zu gehen.«

»Aber das ist nicht gerecht!« Es lief mir kalt den Rücken runter: Wie konnte Mutter nur dasitzen und mir kühl mitteilen, daß mein Vater wie ein deutscher Spion behandelt werden sollte? »Das ist ein Irrtum!« Ich dachte an Maureen Kelly, Betty Sullivan und die anderen in der Schule, was würden die dazu sagen? Ich dachte in rascher Folge an die Polizei, das FBI, den Präsidenten, die Armee der Vereinigten Staaten. Ich dachte an Gott. »Gott wird das nicht zulassen!« rief ich erleuchtet.

Mutter bedachte mich mit einem abschätzenden Blick. Dann nahm sie mich bei den Schultern und fing sehr schnell an zu reden, als müsse sie, bevor Vater heimkam, etwas Lebenswichtiges klären. »Es *ist* ein Irrtum, und es *ist* ungerecht, daß dein Vater fort muß. Das darfst du nie vergessen, egal, was Maureen oder sonst jemand sagt. Und gleichzeitig können wir nichts dagegen tun. Es ist ein Befehl der Regierung, und dagegen kann man nichts machen...«

»Aber du hast gesagt, Gott...« protestierte ich lahm.

Mutter schnitt mir das Wort ab. »Gott wird es zulassen.«

Da verstand ich, daß Mutter versuchte, mir das fehlende Teil des Puzzles zu geben. Der Schatten in meinem Kopf verlängerte sich mit der Nacht, die unsere Hälfte der Welt und darüber hinaus auslöschte; die ganze Weltkugel schien in Dunkelheit versunken. Zum ersten Mal waren die Tatsachen nicht in Mutters üblicher Art beschönigt, und sie ließ mich das erkennen.

»Ich glaube, dann gibt es keinen Gott«, sagte ich dumpf und ohne Gefühl von Blasphemie. »Nicht, wenn so etwas geschehen kann.«

»Das glauben einige Menschen«, sagte meine Mutter leise.

BARBARA FRISCHMUTH
Mein und Musils Nachbar

Ich würde gern in der Salmgasse wohnen. Die Salmgasse ist eine verwunschene Gasse, J-förmig und im dritten Wiener Gemeindebezirk. Besonders im unteren Drittel, im J-Bogen, gibt es ein paar schönbrunnergelbe Häuser, massiv gebaut und mit ganz schlichter Fassade. Aber dahinter...

Neulich stand eines der Tore offen – die Maurer, die den Verputz erneuerten, gingen aus und ein – und ich trat in den Innenhof. Glasveranden, Bäume, ein Garten, schmiedeeiserne Balkons, mit einem Wort: fast alles, was man mitten in der Stadt nicht vermutet.

Seither wohne ich im Geist in der Salmgasse, und wenn es sich irgendwie einrichten läßt, mache ich den Umweg durch das J bis zur nächsten Straßenbahnhaltestelle. Um die Ecke, in der Rasumofskygasse, hat übrigens Musil viele Jahre lang gewohnt, und der Garten, in dem Agathe und Ulrich... aber so genau will ich es gar nicht wissen.

Ich wohne also in diesem Haus in der Salmgasse, Eingang Siegelgasse, wenn möglich ganz oben, hinter einer der Glasveranden, und schaue in den Garten hinunter. Es hat geschneit, ernsthaft geschneit, viel zu früh in diesem Jahr, und der Schnee klebt an den noch belaubten

Bäumen. Ein Plastikdreirad steht zwischen den Rosenbüschen und leuchtet nur mehr seitlich rot, eine komplementäre österreichische Flagge, weiß-rot-weiß.

Dann sehe ich unseren Nachbarn, wie er gerade im Stiegenaufgang verschwindet. Er trägt einen dicken Gehrock, der mit Maulwurfspelz gefüttert ist. Maulwurf, hat er gesagt, ist der kleinste gemeinsame Nenner, auf den Maßarbeit und Effekt sich bringen lassen. Er sollte auch einen Hund haben. Welchen Hund wünschst du dir zum Nachbarn? frage ich meinen Sohn, was unnötig ist, denn ich weiß, daß er Bernhardiner sagen wird. Einen Bernhardiner, sagt mein Sohn. Wie stellst du dir das denn vor mit dem Stiegensteigen, in so einem Haus ist doch kein Lift? Dafür ist die Wohnung groß, sagt mein Sohn, aber ich kann so einen riesigen Hund in der Geschichte nicht brauchen, also fort mit ihm, aufs Land, in die Berge, nach St. Gotthard von mir aus. Vielleicht hat er einen berühmten Stammbaum und muß zwecks Wiederaufzucht seiner besonderen Blutlinie in einen entlegenen Zwinger.

Ich bin ihm immer wieder begegnet, unserem Nachbarn. Er war der einzige von den Hausbewohnern, der, als wir einzogen, an unsere Tür klopfte und fragte, haben Sie nicht Lust, auf einen Kaffee zu mir zu kommen? Wunderbar, sagte ich, aber bleiben Sie gleich da, ich habe den Kaffee noch auf dem Tisch stehen.

Er ist alt, ziemlich alt, aber sehr stattlich. Ich habe den Verdacht, er schläft mit einer Bartbinde.

Wohnen Sie schon lang in diesem Haus? Ich frage mit Absicht, weil ich irgendwann einmal auf Musil hinausmöchte. Er nickt. Mit einer gewissen, etwa achtjährigen Unterbrechung... Ich verstehe, sage ich. Und wo waren Sie in der Emigration? Ich habe, sagt er und streckt die Hände aus – man merkt es mir Gott sei Dank nicht mehr an – drei Wochen lang am Panama-Kanal geschaufelt. Dann hatte ich mein erstes Café. In Panama? Und dann eines in New York. Er lacht, und da erinnert er mich ganz deutlich an jenen ehemaligen Eintänzer und späteren Besitzer eines Pratercafés, mit dem ich früher öfter Trick-Track gespielt habe und der mir seines Witzes wegen unvergeßlich bleiben wird.

Ich hoffe, ich störe Sie nicht, sagt er, wenn ich nachts nach Hause komme, und ich komme manchmal sehr spät nach Hause. Oh, sage ich, Sie treiben es aber, und er dreht zufrieden lächelnd seinen Siegelring. Neugierig bin ich natürlich schon auf seine Wohnung, also sage ich, nächstes Mal komme ich dann zu Ihnen rüber. Am besten dienstags, sagt er, dienstags habe ich Ruhetag.

Meinem Sohn werde ich vorerst wohl nichts von unserem Nachbarn erzählen. Der wünscht sich sonst sicher irgendsoeinen jungen Menschen, der womöglich Fußball mit ihm spielt.

Von der Salmgasse hätte ich es natürlich noch näher ins Café Zartl. Manchmal frühstücke ich dort und schaue in die WELTWOCHE, die FAZ und die steirischen Tageszeitungen, bloß den SPIEGEL haben die nicht abonniert. Wen aber sehe ich da hereinkommen? Unseren Nachbarn (muß sein, von wegen der Geschichte). Auf einen Augenblick, sagt er und beginnt mir hinter der vorgehaltenen Hand Dinge zu erzählen. Dinge, sage ich Ihnen... Er sei letztens wieder einmal in der Nationalbibliothek gewesen – beachtliches Bauwerk, imponierend und sicher teuer in der Erhaltung – und habe einen Blick in den aufliegenden Finanzschuldenbericht 1979 der österreichischen Postsparkasse, ein kleines grünes Heft, getan. Monströs, allein die Auslandsverschuldung, monströs, vom Budgetdefizit ganz zu schweigen. Dieses Land ist bankrott, flüstert mein Nachbar mir ins Ohr, und daher, na, Sie wissen schon, die Panzerlieferung konnte gerade noch verhindert werden, aber die abertausend Gewehre in den Nahen Osten... Und da muß ich plötzlich an den Taxifahrer denken, mit dem ich gestern im Schrittempo durch den Schneematsch fuhr und der mich fragte, und wer hat dagegen protestiert?

An den Schnurrbarspitzen unseres Nachbarn hängen noch Schneeflocken, die langsam zu Regentropfen werden. Bevor ich Sie den Weltnachrichten überlasse, was sagen Sie dazu? und der Nachbar deutet mit dem Daumen hinter sich in Richtung Schneetreiben. Europa wird langsam zufrieren, aber was soll's, wir sind das vorrangige Zielgebiet aller Mittelstreckenraketen, die Großmächte kümmern sich einen Dreck um die kleinen Länder.

Die Wohnung wollte ich mir auf jeden Fall anschauen, symmetrisch zur meinen, in die andere Richtung, vielleicht etwas weniger Sonne, dafür im Sommer kühler. Als hätte ich was geahnt von den vielen Büchern!

Vorsicht sagt der Nachbar, daß Ihnen nichts auf die Füße fällt. Und mit einem gekonnten Griff zieht er aus einem der vielen turmhohen Stapel von Büchern das eine, gemeinte, hervor, wie ein orientalischer Gelehrter. Glauben Sie, ich lasse noch einmal einen Tischler in mein Refugium? sagt der Nachbar. Es ist Platz genug, man muß sich nur auskennen, und er geht mir voraus auf den rundbögig angeordneten Gehwegen, die sich von der Deckenlampe aus wie ein französischer Park ausnehmen müssen.

Kommen Sie, sagt der Nachbar und schaufelt einen ledernen Ohrenstuhl frei, dann serviert er mir Kaffee und Cognac und zwinkert. Das trinken die alten Damen in den Budapester Cafés, Sie wissen schon, diese Stuhlwärmerinnen, die einen halben Tag lang an einem Glas Wein nippen, aber Cognac, den trinken sie schon.

Mein Hobby ist die Ortsnamenforschung, sagt der Nachbar und breitet verschiedene Karten – selbstgezeichnete, versteht sich – auf seinen Knien aus. Die Ortsnamenforschung ist eine der wesentlichen Quellen zur Geschichte; ich habe es leicht, ich bin mehrsprachig aufgewachsen. Wenn man sich anschaut, was da noch immer aus mangelnder Sprachkenntnis herumgepfuscht wird, das fängt bei der Bibel an und geht weiter, Ende nie... Und da ist er mir zum Verwechseln ähnlich mit jenem bereits verstorbenen trotzkistischen Arzt, einem alten Bekannten aus meiner frühen Jugend, der lange in Palästina war – noch vor Israel – und der im Alter ein wildes Pamphlet gegen die Evangelien als Geschichtsquelle schrieb.

Aber, sagt der Nachbar, ohne die angrenzenden Wissenschaften ist auch die Ortsnamenforschung einsam wie ein Weiler im Wald. Und im Grunde gehört so ziemlich alles zur angrenzenden Wissenschaft, selbst die Literatur. Da ist mein Stichwort gefallen. Ob er sich nicht an jenen Mann mit den buschigen Brauen und den grünen Augen erinnern könne. Wieso grüne Augen? Das nehme ich eben an. Aha, sagt er, Sie meinen den Kettenraucher? Na ja, begabter Mensch gewesen, aber total erfolglos. Ich murmele etwas vom hundertsten Geburtstag. Was? ruft der Nachbar, das gibt es ja gar nicht. War der denn älter als ich?

Zigarette? fragt der Nachbar. Er selbst raucht eine Virginia. Manchmal riecht es hier wie in einer Selchkammer, sagt er kichernd, aber als Junggeselle habe ich in allem Hausrecht, und wenn ich möchte, kann ich die vollen Aschenbecher stehenlassen. Sie waren nie verheiratet? Ach, lassen wir das, sagt der Nachbar. Zwei gescheiterte Versuche, die eine war Armenierin, die andere Tatarin. So friste ich als doppelter Scheidungswitwer genüßlich mein Dasein. Darauf prosten wir uns zu und sind für kurze Zeit ein Herz und eine Seele, da ich die Geschichte ohnehin nur von einer der beiden Damen hätte hören mögen.

Langsam werden ich meinen Sohn ja doch über unseren Nachbarn aufklären müssen. Und umgekehrt. Aha, sagt der Nachbar, der Kleine also mit der großen Schultasche. Kann er schon Schach spielen? Ich zögere. Wenn Sie vielleicht die Güte hätten... Ist er begabt? Ich zucke mit den Achseln. Wenn er begabt ist, bringe ich es ihm bei. Ansonsten wird Domino gespielt.

Begabt, sage ich, was heißt schon begabt? Wichtig ist, wie es einem beigebracht wird. Mitnichten, schnaubt unser Nachbar, und ich sehe, wie er zornig wird, und ob er begabt ist, entscheide ich. Und da sehe ich meinen alten Lehrer vor mir, der das ganze Jahr lang chinesische Völkerkunde las und der immer so zuvorkommend und hilfsbereit war, bis ihn die Wut packte und man fürchten mußte, es treffe ihn augenblicklich und auf der Stelle der Schlag.

Da beruhigt sich der Nachbar aber schon wieder. Ich glaube nämlich Müttern nie etwas, sagt er und richtet seinen lagen Fransenschal.

Küß die Hand, sagt er, als ich das Buch, in dem ich geblättert habe, wieder an seinen Platz lege. Und dann küßt er mir die Hand und fragt, tanzt man denn überhaupt noch Tango? Und während ich verwundert die Melodie höre, bewegt er sich schon in Riesenschritten mit mir durchs lange Vorzimmer, und eine undeutliche

Barbara Frischmuth

Erinnerung sagt mir, daß ich vor vielen, vielen Jahren in einem Café in Wrocław so mit einem alten Herrn Tango getanzt habe.

Könntest du mir nicht endlich was zu essen machen? fragt mein Sohn, der Kleine mit der großen Schultasche. Und danach möchte ich, daß jemand mit mir eislaufen geht.

Eislaufen kannst du noch den ganzen Winter, sage ich, aber heute zeige ich dir endlich die Salmgasse.

WOLFGANG ALTENDORF
Mein Nachbar
ließ sich wieder einmal einschneien

Als Anfang Dezember hier oben bei uns die ersten, andauernden Schneefälle auftraten, rief mich mein Nachbar an. »Lieber Freund«, unterrichtete er mich am Telefon, »ich lasse mich auch diesen Winter einschneien. Dazu benötige ich, wie im vorigen Jahr, wiederum Ihre Hilfe. Sie wissen schon: Die Kühltruhe ist gefüllt, ebenso der Öltank. Das Radio funktioniert, und mein Fernseher hält es gewiß die nächsten sechs Monate noch aus. Meine Post wird Ihnen gebracht. Dann und wann melde ich mich telefonisch bei Ihnen, damit Sie nicht in Sorge geraten. Würden Sie sich dieser kleinen Mühe unterziehen?«

In der Tat hatte er Ähnliches bereits im vorigen Winter getan, und deshalb waren mir auch seine vielfältigen Gründe für diese Prozedur vertraut. Vor allem verwies er auf die ökonomischen Vorteile, die er mit diesem Entschluß einzuheimsen gedachte. »Einmal habe ich die lästige Schneeschipperei gründlich satt«, erläuterte er mir. »Zum anderen möchte ich die knapp sechs winterlichen Monate der absoluten Einsamkeit genießen und schließlich – schon lange habe ich die Absicht, meine Memoiren zu schreiben. Dieser Winter, so wie er sich gegenwärtig anläßt, erscheint mir geradezu prädestiniert für mein Vorhaben.«

Und wirklich, die Schneefälle erwiesen sich, wie wir alle wissen, als erstaunlich ergiebig im vergangenen Jahr. Mein Nachbar blieb bei seinem Vorsatz, und im Nu war er eingeschneit. Ja der Schnee hüllte ihn und sein Haus mitsamt Garten in ein undurchdringlich weißes Gebirge. Ein übriges tat der Schneepflug der Straßenmeisterei, der das, was er von der Straße wegschob – die günstige, zeitsparende Möglichkeit nutzend – an der Gartenfront meines Nachbarn hoch auftürmte, was mich ermunterte, auch meinerseits jenen Schnee, den ich von meiner Haustür wegzuschippen hatte, einfach vor die seine zu deponieren. Er sollte es möglichst warm haben in seiner winterlichen Abgeschiedenheit!

Jeden dritten Tag klingelte das Telefon. Ich las ihm die Briefe vor, die die Post mir für ihn gebracht hatte. Er erklärte sie alle für höchst unwichtig. Einmal wurde er unpäßlich, und ich war gerade dabei die Technische Nothilfe zu alarmieren, damit sie eine Gasse durch die Schneeberge für den Doktor bahne, als er mir fernmündlich seine Genesung meldete.

Mit seinen Memoiren war er auf Seite 763 angelangt, als (im April) unter stürmischen Winden und schrägen Regengüssen die ganze Schneepracht dahinschmolz. Eines Tages klingelte es an meiner Haustür. Mein Nachbar stand davor. Er sah gesund und in höchstem Maße ausgeglichen aus. »Da bin ich wieder«, sagte er.

»Es war eine schöne, geruhsame und vor allem auch nachdenkliche Zeit, wie ich sie nur meinen besten Freunden empfehlen kann. Die Schneemassen hielten«, fuhr er eifrig fort, »die Winde ab, so daß ich runde 20 Prozent an Heizkosten sparte, die Gartenwege müssen nicht repariert werden, etwa infolge eines unablässigen Schneewegkratzens, das sich mir ja erübrigte, und auch sonst bin ich prächtig auf meine Kosten gekommen. Nun geht der Streß wieder los. Da freue ich mich schon auf den nächsten Winter!«

Dieser hielt, wie wir wissen, in diesem Jahr sehr früh seinen Einzug, und längst ist wiederum nichts mehr zu sehen von seinem Haus. Eine weiße Mauer verwehrt den Blick darauf. Und sie wächst und wächst. Ich aber schippe und schippe, wenn auch – wie die Männer vom Schneepflug – einigermaßen bequemer, als in früheren Jahren. Beneidenswert still ist es dort drüben! Und wie wohl sich mein eingeschneiter Nachbar fühlen muß, er, der beim Abfassen der Fortsetzung seiner Memoiren, absolut ungestört, sparsam und geruhsam in fernen, schönen Erinnerungen schwelgen kann. Eines Winters lasse auch ich mich einschneien, dann, wenn ich nicht mehr so unglaublich viel zu tun habe, den nächsten vielleicht. Spätestens den übernächsten!

LUDWIG THOMA
Die Eigentumsfanatiker

Kraglfing liegt zwischen Huglfing und Zeidlhaching. Wenn in Berlin oder in Wien ein großes Ereignis geschieht, so erfährt es der Gouverneur von Sidney um zwei Tage früher als der Bürgermeister in Kraglfing, obwohl es diesen geradeso interessiert, denn er ist ein scharfer Politiker. Das macht: Kraglfing liegt fünfthalbe Stund entfernt von der nächsten Poststation und wenn es recht stürmt oder der Botenseppl den Reißmathias kriegt, dann ist der diplomatische Verkehr aus und gar. So weit ab von der Welt liegt das Dörfel, daß die Schulkinder im nächsten Bezirksamt alle miteinander wissen, wo Hongkong oder Peking liegt, aber keines weiß, wo etwa Kraglfing auf der Landkarte zu finden ist. Wenn nicht der Geschäftsreisende alle halb Jahr einmal den Kramerlenz aufsuchen tät, dann käm wohl nie ein fremdes Gesicht in das Dorf. Denn als Luftkurort ist es noch nicht entdeckt, und ein Bad ist es vorläufig auch noch nicht.

Das ist es schon eine rechte Freud und eine schöne Abwechslung in der abgeschiedenen Gegend, wenn eine Gerichtskommission herauskommt. Man kann sagen, was man will: eine Predigt ist und bleibt eine Predigt. Und je schärfer als sie ist, desto schöner ist sie; es läßt sich hernach beim Unterwirt ein vernünftiger Disputat darüber führen, besonders wenn einer den Pfarrer so gut nachmachen kann wie der Schlaunzentoni.

...Aber ein Prozeß? Das ist schon noch viel etwas Schöneres! Wenn so ein Advokat recht habisch ist und ein gutes Maulwerk hat, wenn er keinem Recht läßt, nicht einmal Gnaden dem Herrn Landrichter, und das Hinterste vorn und das Vorderste hint daher bringt, alle Wörter so schön setzt und lateinisch red't, daß man meint, es geht hellicht nicht anders, er *muß* recht kriegen, das ist schon feiner als wie ein Theater.

Und dann kommt der andere! Jetzt ist die ganze Geschicht verdreht, jetzt schaut es sich wieder anders an; alles ist nichts, was der andere gesagt hat, und hat er zwei lateinische Sprüchel aufsagen können, weiß *der* gleich drei, und grad spöttisch macht er sich über den andern, daß man's mit Händen greifen kann, wie er unrecht gehabt hat – bis der andere wieder selber an die Reih kommt und sein Gesangl anfangt. So geht es hinum und herum, bis den armen Bauernmenschen das Trumm aus- und der Prozeß im Kopf herumgeht wie ein Karussell, daß er nicht mehr weiß, hott oder wißt, gewinnt er jetzt oder verspielt er.

Darum also, wie gesagt, es steht nichts auf über einen Prozeß; und wenn es nicht gottlob sowieso alle Winter in Kraglfing einen geben tät, müßt der Unterwirt für seine Gäst ein übriges tun und einen anfangen. Für heuer ist schon gesorgt, denn der Ranftlmoser hat den Scheiblhuber eingeklagt. Der Ranftlmoser hat auf dem Gugenbichel einen Acker; gleich daneben hat der Scheiblhuber einen. Zwischen den zwei Ackern ist ein Rain, daß jeder beim Umpflügen wenden kann. Der Rain ist alle Jahr kleiner geworden; einmal pflügt der Ranftlmoser ein kleines Zipferl weg, das andere Mal der Scheiblhuber, so daß ein rechtschaffener Bauerntrittling schier keinen Platz mehr gehabt hat.

Da ist der Ranftlmoser herangegangen, hat in den Rain einen Pflock eingeschlagen und einen Ausspruch getan, daß der Scheiblhuber um keinen Zoll weiter mehr gegen ihn pflügen darf. Der Scheiblhuber meint, so mir nichts, dir nichts läßt er sich kein »March« hinsetzen, reißt den Pflock heraus und pflügt justament mit Fleiß gleich wieder ein paar Zoll von dem Rain weg.

Jetzt geht es natürlich nicht mehr anders, jetzt *muß* advokatisch geklagt werden. Und wer das nicht glaubt, der soll nur nach Kraglfing gehen und bei den Bauern anfragen, ob nur ein einziger da ist, der es anders sagt. Also steht der Ranftlmoser an einem schönen Frühlingstag in der Früh um vier Uhr auf, legt das schöne Gewand an und marschiert mit seinen nagelneuen Glanzstiefeln in den taufrischen Morgen hinaus.

Die Sternlein stehen noch am Himmel, und der Mond schaut silbern über den Zeidlhachinger Forst herüber; die Vogerl aber, welche schon das Singen anheben, und ein feiner, roter Streifen im Osten deuten den nahen Morgen an. Der Ranftlmoser freilich sieht und hört von dem nichts, er ist in Gedanken versunken und knarzt mit seinen neuen Stiefeln tapfer fürbaß. Bloß am Guggenbichl steht er eine kleine Weile still und lacht so recht fein pfiffig. »Wart, Lump, dir reib ich's ein.«

Indem stoßt er auf einen mentisch großen Stein, und weil die Bründelwiesen vom Scheiblhuber gerade so schön bei der Hand liegt, schmeißt er ihn hinein. Dann geht er wieder weiter, einen Schritt vor den andern, stundenlang. Die Sonne ist schon heroben und steigt alleweil höher und höher. Bald links, bald rechts taucht ein Kirchturm auf, und der Morgenwind tragt die Glockentöne herüber, die zur Frühmesse einladen. Der Ranftlmoser achtet es nicht. In den Wiesen stehen die Bauernleut und rufen den Landsmann an. Der Ranftlmoser hat keine Zeit zum Antwortgeben. Nicht einmal zum Einkehren, wenn ihn auch der Oberwirt in Zeidlfing noch so schön einladet. Hilft nichts; unterwegs ißt er im Gehen das Stückel Brot, was ihm die Bäuerin mitgegeben hat; und so steht er richtig Schlag elf Uhr an der Kanzleitüre beim Herrn Advokaten.

»Ah, der Ranftlmoser! Freut mich, wieder einmal das Vergnügen zu haben! Was führt Sie so weit her?«

Und jetzt erzählt er sein Leid dem Herrn, der ihm freundlich zuhört. Was der Scheiblhuber überhaupt für ein schlechter Kerl ist, der niemals kein Ruh nicht gibt, und wie er es ihm schon so oft gemacht hat, wie er in seinen Grund hineinpflügt und wie er zu guter Letzt das March herausgerissen hat. Muß er sich das gefallen lassen? Und gibt es kein Recht gar nicht mehr? Das muß er wissen, da hat er einen festen Bestand darauf, und wenn es noch so viel kosten tät.

Der Advokat schüttelt bedächtig den Kopf und meint, es sei so eine Sache. Jedenfalls kommt es auf den Augenschein an – aber umsonst fahrt man nicht nach Kraglfing hinaus, so schön es auch dort ist. Zunächst gehört einmal ein Vorschuß her, so einhundert Mark, bis die Maschin im Gehen ist.

Hundert Mark? Die zahlt der Ranftlmoser gern. Er zieht aus irgendeiner Gegend seiner ledernen Umhüllung ein rotes Schneuztüchel und breitet es auf dem Schreibtisch hin. Dann knöpfelt er bedächtig den Zipfel auf und zieht das untere Ende eines blauwollenen Strumpfes herfür. Vierunddreißig harte Taler zählt er auf, einen nach dem andern, und keiner reut ihn; die zwei Mark, welche er herauskriegt, steckt er in die Giletleiblwestentasche.

»Ranftlmoser«, sagt der Advokat und klopft ihm auf die Schulter, »Ranftlmoser, jetzt hat's was. Das gibt eine Klage auf Besitzstörung, wegen turbatione possessionis, wenn wir's nicht gleich gar mit dem interdictum unde vi anpacken.«

Da zieht's dem Ranftlmoser das Maul auseinander, daß ihm beinahe die Ohrwaschel hineinfallen vor lauter Vergnügen. »Herr Advikat, ist nicht leicht scharf genug für den Scheiblhuber. Reiben Sie's ihm nur recht lateinisch hin! Und jetzt adjes, Herr Dokta!«

Damit geht er, und eine solche Freude herrscht in seinem Herzen, daß die Leute auf der Straße es ihm über das Gesicht ansehen und ihm nachblicken. Das ist einmal ein fideler Bauer! Der hat gewiß ein gutes Geschäft gemacht! Beim Pschorrbräu überlegt sich's der Ranftlmoser, ob er nicht hineingehen und sich eine Maß kaufen soll. Aber – sparen muß der Mensch, denkt er, und geht daran vorbei. Er holt sich in einem Schweinmetzgerladen einen halben Kranz geselchte Würscht und geht wieder tapfer fürbaß auf Kraglfing zu. Unterwegs säbelt er die Geräucherten zusammen und hält verständige Zwiesprach mit sich selbst: wie er vor das Gericht hinstehen wird, wie er den Scheiblhuber ärgern wird.

Auf den Abend um acht Uhr ist er wieder daheim, und wenn sich die Kraglfinger auf eine Physiognomie verstehen, dann haben sie merken können, daß es beim Ranftlmoser was hat. »Bäuerin«, sagt der noch, als er steinmüd im Bett liegt, »Bäuerin, dem Scheiblhuber hab' ich was ins Wachsel gedruckt. Ich werd mir's übersinnen, ob ich die Geschicht nicht am End gar noch kriminalisch mach'.«

Die mehreren Sachen haben zwei Seiten, und hinter sich schaut es oft anders aus als vorn. Umgekehrt ist auch gefahren, und zum Raufen gehören allemal zwei, einer, der hinhaut, und einer, der herhaut. Beim Prozessieren ist es geradeso, und darum wollen wir schauen, was etwa der Scheiblhuber zu der freundlichen Überraschung sagt. Er sitzt auf der Bank vor dem Haus, raucht

Ludwig Thoma

ein Pfeifel und sinniert. Es fallt ihm ein, wie er den Bräumeister von Dachau voriges Jahr mit der Gersten geschlenkt hat, und den Veiteles in Aichach mit der Kuh, die gleich drei gesetzliche Fehler gehabt hat, und alle sind zu spät entdeckt worden. Da erhellt ein wohlwollendes Lächeln seine harten Züge, wie die Romanschreiber sagen, und heitere Zufriedenheit glänzt in seinen Augen.

Es ist ein recht friedsames Bild. Er schaut an dem Birnbaum hinauf und gibt acht, was der Starl für Spitzbubereien macht, wie er so schlau von dem Aste herunterschaut und dann einen recht lauten Pfiff tut, gerade als wollt er den Scheiblhuber erschrecken oder die Katz, die allweil zu ihm hinaufblinzelt. Indem biegt gerade der Briefbot beim Schmied um die Ecke herum; er wird schon wieder ein Schreiben an den Bürgermeister haben, eine amtliche Zustellung, denn die Privatbriefe besorgt der Botenseppl und tragt gewiß nicht schwer daran.

So ein Bürgermeister ist doch ein geplagter Mensch, denkt der Scheiblhuber; alle Augenblick wird er gefragt, wie und wo, und muß Red' und Antwort stehen für andere Leut. Und wenn der hinterste Gütler oder Häusler mit Fleiß die Wappelmarken nicht aufpappt, blasen sie im Bezirksamt drin dem Bürgermeister einen Landler auf. Möcht keiner sein, der Scheiblhuber.

Aber was ist denn das? Der Briefbot reibt sich ja auf seinen Hof zu; wüßt nicht, warum.

»Grüß Gott, Bauer! Ich hab' eine Zustellung für dich.«

»War nit z'wider! Wirst doch schon irrig sein, Langlmeier, und den Bürgermeister meinen.«

Der Briefbot Langlmeier war aber nicht irrig; es ist kein anderer gemeint gewesen als der Scheiblhuber, der sich jetzt von der Bäuerin die Brillen bringen läßt und das Schreiben bedächtig öffnet.

»Klage des Advokaten Bierdimpfl namens Korbinian Ranftlmoser, Bauer in Kraglfing, gegen Kastulus Scheiblhuber, Bauer daselbst, wegen Besitzstörung.« Ranftlmoser, wenn du jetzt über den Zaun schauen könntest, was müßtest du für eine Freud haben! Krebsrot ist der Scheiblhuber vor Zorn, und nach jedem Satz, den er aus der Schrift zusammenbuchstabiert, tut er einen abscheulichen Ausspruch. So ist's recht. Jetzt weiß er, warum er das March herausgerissen hat; jetzt sieht er, daß der Scheiblhuber nicht bloß Kegel scheiben darf und der Ranftlmoser müßt aufsetzen.

Endlich ist er am Schluß des Lesschreibens angelangt, wo es heißt: »Der Beklagte soll sämtliche Kosten des Rechtsstreits tragen.« Ja, halt auf ein bissel! So schnell geht das nicht beim Kastulus Scheiblhuber, Büchlbauer von Kraglfing!

Es gibt noch ein Gesetz im Land und Advokaten genug; eine Verhandlung muß her, und ein Augenschein, und auf den Schwur muß der Ranftlmoser hingetrieben werden.

Richtig; am andern Morgen knarzen wieder ein Paar Glanzstiefel auf dem lehmigen Feldweg. Diesmal ist es der Scheiblhuber, der fuchsteufelswild mit dem Gehsteckerl links und rechts in die Grashalme einhaut und dabei eine Red' einstudiert für den Advokaten in München. Und um dieselbe Zeit, wann die Sonne am höchsten über Kraglfing steht, legt in der Stadt drin der Kanzleischreiber einen blauen Aktendeckel vor sich hin, schreibt fein säuberlich darauf: Ranftlmoser contra Scheiblhuber, und wickelt einen langen Spagat darum. Er denkt wohl nicht daran, was er da alles eingebunden hat; wie viel Zorn, Verdruß und Kummer, wie viel sauer erspartes Geld! Und der Scheiblhuber denkt auf dem Heimwege gewiß auch daran zu allerletzt; jetzt ist es schon, wie es ist, und muß halt weitergehen. Und es geht auch weiter.

Während die zwei Kraglfinger draußen in der Glühhitz arbeiten den ganzen Sommer lang und froh sind um jedes Büschel Heu und Stroh, das sie gut hereinbringen, werden in der Stadt so viele Bogen Papier verschrieben in Sachen Ranftlmoser contra Scheiblhuber, daß man damit den ganzen Guggenbichlacker zudecken könnt.

Die Akten werden von selber alleweil dicker, und wie im Herbst die Felder leergestanden sind, ist eine Gerichtskommission hinausgekommen. Die Leute von Huglfing, Kraglfing und Zeidlhaching haben sich eingefunden wie bei einem Wettrennen oder einer anderen Lustbarkeit. Jeder ist glücklich gewesen, der als Zeuge vernommen ist, denn nichts hat ein Bauer lieber, als wenn das aufgeschrieben wird, was er sagt. Die Herren setzen es so schön hochdeutsch, daß es sich justament ausnimmt wie etwas Gedrucktes und ganz Gescheites. Außerdem hat man Gelegenheit, die Herren vom Gericht und die Advokaten recht genau zu beobachten, was sie sagen, und was sie dabei für eine Mien' aufsetzen. Zu guter Letzt leidet das Zeugengeld eine Maß beim Unterwirt, wo man jetzt beinahe jeden Tag zusammenkommt und seine Meinung abgibt.

Am Tage Kordula, den 22. Oktober, ist dann das Urteil herausgekommen. Die Ranftlmoserin hat keine Freude gehabt über das Namenstagsgeschenk. Es hat in dem Schreiben freilich geheißen, daß der Scheiblhuber den alten Zustand herstellen muß, aber der Ranftlmoser auch; und weil ein jeder ein Teil Unrecht gehabt hat, muß jeder die Hälfte von den Kosten tragen. Aber trotzdem war sie froh, daß die Geschichte endlich vorüber war; vielleicht würden die Mannerleut' doch wieder gut miteinander; es ist ihr arg genug gewesen, daß sie so lang mit der Scheiblhuberin keinen Diskurs mehr hat führen dürfen. Und es ist auch nach und nach so gekommen; weil keiner den Prozeß ganz und gar verloren hat, hat jeder glauben können, daß er doch in der Hauptsach der Gewinner war; es laßt sich aus jeder Sach etwas Gutes herausfinden. Und zuletzt darf man nicht vergessen, daß die Reputation von jedem durch den Prozeß gewonnen hat.

Ein halbes Jahr hat er gedauert, die Advokaten haben schön geredet, und lateinisch ist schier mehr gespracht worden wie deutsch. Also, Ranftlmoser, was willst noch mehr? Die Fretter im Dorf möchten auch diesmal eine Gaudi haben; jetzt haben sie noch einmal so viel Respekt vor den Zwei.

Bloß der Häusler Felberhofer hat einmal den Scheiblhuber im Wirtshaus spöttisch gefragt; was denn der ganze Guggenbichlacker kostet, wenn drei Händ voll davon schon dreihundert Mark wert sind.

Der Habenichts! Das Tröpfel, das armselige!

WILLY BREINHOLST
*»Kann ich vom Stuhl runterkommen,
Herr Lund?«*

Dem jungen Medizinstudenten Stefan Lund war nicht entgangen, daß neben ihm im Wohnheim ein neuer Nachbar eingezogen war. Und er war deutlich an diesem neuen Nachbarn interessiert. Bärbel Reinhardt stand auf dem Schild an der Tür. Allerdings fiel es Stefan außerordentlich schwer, Bekanntschaften zu schließen. Er wußte einfach nicht, wie man das anfing. Daß Fräulein Reinhardt ihrerseits einiges Interesse an ihm hatte, konnte er feststellen, wenn sie sich morgens auf dem Flur begrüßten. Ihr Lächeln deutete ihm an, daß er Chancen bei ihr hatte. Wenn er nur den Mut fände, sie anzusprechen! Er würde sie fragen, ob sie Lust hätte, abends mit ihm ins Kino zu gehen.

Aber es war nun mal nicht Stefans starke Seite, fest und zielstrebig auf eine Sache loszugehen. Bis ihm eines Abends der Zufall oder das Schicksal – nennen Sie es, wie Sie wollen – zu Hilfe kam.

Er saß am Schreibtisch, als er plötzlich ein lautes Klopfen an der Wand und einen Hilfeschrei vernahm. Schlagartig fuhr er hoch. Der Schrei kam aus Fräulein Reinhardts Zimmer. Energisch stürmte er hinein.

Willy Breinholst

Sie stand auf einem Stuhl und sah sehr ängstlich aus. »Da«, flüsterte sie wie gelähmt, »unter dem Sofa... eine Maus!«

Stefan kniete mutig auf den Teppich und blickte prüfend in das Halbdunkel unter dem Sofa. Sie hatte recht: Eine kleine, verzagte weiße Maus drückte sich verängstigt an die Fußleiste.

Stefan langte mit einer Hand unters Sofa und bekam sie zu fassen.

»Ich hab' sie!« gab er stolz bekannt.

»Oh, Gott sei Dank!« seufze Fräulein Reinhardt erleichtert. »Passen Sie bloß gut auf sie auf. Sie versprechen mir doch, sie nicht loszulassen?«

»Selbstverständlich.«

»Kann ich vom Stuhl runterkommen?«

Stefan nickte. Er hätte ihr gern dabei geholfen, brauchte aber beide Hände, um die Maus festzuhalten.

»Wie ist die bloß hier reingekommen?« fragte Fräulein Reinhardt verwundert.

»Vielleicht gehört sie dem Zoologen oben im vierten Stock, Herrn Müller. Er hat auch noch Papageien und Wellensittiche und Schildkröten. Ich geh' gleich nach oben und frag' ihn.«

»Und ich mach Ihnen inzwischen eine Tasse Kaffee, weil... weil Sie mir das Leben gerettet haben!«

Das war wohl etwas übertrieben, dachte Stefan, aber es klang so reizend aus ihrem Mund. Schnell lief er die Treppe zum vierten Stock hinauf und klingelte bei

Herrn Müller. Niemand öffnete. Ungeduldig trippelte er auf dem Treppenabsatz hin und her. Er wollte doch nicht den ganzen Abend hier verplempern. Da kam ihm plötzlich eine Idee, eine wirklich gute Idee.

Er lief in sein Zimmer zurück, steckte die Maus in einem leeren Schuhkarton, bohrte ein paar Luftlöcher hinein und stellte ihn unters Regal. Dann kehrte er zu Fräulein Reinhardt zurück.

»Na, war es die Maus von Herrn Müller?«

»Ja, ja, ich habe sie ihm zurückgeben«, log Stefan.

Dann schenkte sie mit einem reizenden Lächeln den Kaffee ein.

Fünf Minuten später hatte Stefan ihn ausgetrunken und erhob sich. »Na, ich muß wohl wieder rüber und noch was tun.«

»Ja, das müssen Sie wohl«, entgegnete sie.

Also bedankte er sich höflich für den Kaffee und kehrte in sein Zimmer zurück. Ohne den Mut gehabt zu haben, sie zu fragen, ob sie an einem Abend mit ihm ins Kino gehen wollte! Aber er hatte ja zum Glück die Maus.

Einige Tage später nahm er all seinen Mut zusammen und führte seinen Plan aus, einen Plan, der ihn zweifellos Bärbel näherbringen würde. Er öffnete vorsichtig den Briefschlitz in ihrer Tür und ließ die Maus hineinschlüpfen.

Es waren nur wenige Minuten vergangen, als ein gewaltiges Klopfen an der Wand zu hören war – und herz-

Willy Breinholst

zerreißende Schreie. Blitzschnell stürzte Stefan hinüber und fragte, was los wäre.

»Da«, rief Bärbel zitternd, »unter der Nähmaschine! Eine Maus!«

Stefan erwischte sie schnell und lief in sein Zimmer, um sie wieder in den Schuhkarton zu stecken.

»Sie kommen doch zurück und trinken eine Tasse Kaffee?« rief Bärbel ihm eifrig nach. »Weil... weil Sie ja schon wieder mein Leben gerettet haben!«

Zehn Minuten später saßen sie beide auf Bärbels Sofa. Stefan fühlte sich etwas sicherer, weil er Bärbel nun schon ein wenig kannte, und es war kaum eine Stunde vergangen, als er es wagte, seinen Arm um sie zu legen und sie zu küssen.

Dummerweise klingelte es gerade in diesem Augenblick an der Tür.

Bärbel sprang auf und öffnete.

Es war der Zoologe, Herr Müller vom vierte Stock. »Oh, Fräulein Reinhardt«, sagte er. »wenn Sie die kleine weiße Maus nicht mehr brauchen, die Sie sich neulich geliehen haben, dann würde ich sie gern wiederhaben.«

THOMAS DEGERING
Wäschekrieg

Sehr geehrte Frau Reitzke!

Ich habe heute vormittag um elf Uhr fünfunddreißig zum *dritten* Mal feststellen müssen, daß Sie *wieder* mit Ihrer *gesamten* Kochwäsche *sämtliche* Leinen und Ständer bis auf zwei im Gemeinschaftstrockenraum *komplett* belegt haben. Dieser Zustand wird jetzt endgültig *unhaltbar*! Denn Sie scheinen nahezu ohne Unterlaß zu waschen. Darf ich Sie jedoch *höflich* darauf aufmerksam machen, daß neben Ihnen auch noch *andere* Parteien im Haus ihre Wäsche zu waschen wünschen? Das es sich im Keller um einen *Gemeinschafts*trockenraum handelt und *nicht* um Ihren *Privat*trockenraum? Diese klare Tatsache scheinen Sie bisher übersehen zu haben – wie außerdem den Umstand, daß der Inhalt des *Wäscheklammerbeutels* nicht Ihnen *allein*, sondern *allen* Waschparteien gehört! Ich habe Sie letzte Woche schon einmal *schriftlich* verwarnt. Doch heute vormittag war ich genötigt, mir die Freiheit zu nehmen, Ihre sämtliche im Höchstmaß aufreizende schwarze Reizwäsche (Büstenhalter, Slips, Unterhemden, sowie Ihre frivolen Nachthemden), Ihre sämtliche rote Bettwäsche sowie sämtliche blauen und beigen Unterhosen, Unterhemden und

Socken Ihres Mannes auf den Wäscheleinen *zusammenzuschieben*, *abzuklammern*, und auf dem Tisch in der Ecke zu lagern, um wenigstens *geringfügigen* freien *Platz* als auch freie *Klammern* für *meine* Weiß- und Buntwäsche zu bekommen. Des weiteren habe ich *alle* Wäscheständer mit Ihrer Wäsche (Handtücher, Waschlappen, Putzlappen etc.) *abgeräumt* und Ihre darauf befindliche Wäsche gleichfalls auf den Tisch in der Ecke geworfen. Zu dieser Handlungsweise fühle ich mich mehr als nur berechtigt. Ich bin zwar lediglich ein älterer weiblicher Ein-Personen-Haushalt, habe aber *trotzdem* ein *unbestreitbares* Recht auf einen *freien* Gemeinschaftstrockenraum für meine Koch-, Bunt- und sonstige Wäsche! Im übrigen werde ich mir – sollten Sie *noch einmal* mit Ihrer Wäsche den Trockenraum *blockieren* – *nächstes* Mal *nicht* mehr die Mühe machen, Ihre Wäsche *zusammenzuschieben* und *abzuklammern*. Wenn ich *noch* einmal in den Gemeinschaftstrockenraum komme und es ist *wieder* alles mit Ihrer Wäsche voll, werde ich dieselbe *kommentarlos* von den Leinen hinunter auf den Fliesenboden reißen – *gleichgültig*, ob ich gerade selber etwas aufhängen will oder nicht. Die Folgen (Neuwäsche) müssen Sie selbstverantwortlich tragen.

Wenn *Sie* Krieg wollen – *ich* bin bereit!

Hochachtungsvoll!

Elvira Hack, Justizangestellte a. D.

JO HANNS RÖSLER
Hannibal ante portas

Emma kramte unruhig in ihrer Handtasche. Eine abgesessene Kinokarte fiel heraus, ein abgefahrener Fahrschein, ein ungespitzter Bleistift, eine abgestempelte Briefmarke, eine längst überholte Wiegekarte und ein Lippenstift ohne Stift, ja selbst die Puderdose ohne Puder, aber das, was Emma suchte, fand Emma nicht.

Nanu? dachte sie, nanu?

Und schon hob sie ihre Stimme in schrille Höhen und rief:

»Erich! Erich!«

Der Ehemann stand in der Tür.

»Was ist dein Begehr?«

»Red nicht so geschwollen! Gesteh lieber! Wo sind meine zwanzig Mark?«

»Aus deiner Tasche?«

»Aus meiner Tasche! Jawohl!«

»Hier. Ich habe sie.«

Emma stand starr.

»Was? Du hast das Geld mit eigenen Händen aus meiner Tasche genommen?«

»Wenn du glaubst, es wäre weniger umständlich gewesen, es mit einer Pinzette –«

»Schweig!«

Erich schwieg. Emma weniger.

»Wie kommst du dazu?«

»Wozu?«

»Mir meine zwanzig Mark aus der Tasche zu nehmen!«

»Ich dachte, du merkst es nicht. Wieso übrigens dein Geld? Das hab ich dir doch erst gegeben!«

»Jawohl. Als Wirtschaftsgeld.«

Erich versuchte, den Einwand mit einer Handbewegung abzutun.

»Wenn ich kein Geld habe und Geld brauche, muß eben das Wirtschaftsgeld herhalten! Schließlich ist es ja mein von mir sauer genug verdientes Geld! Und ich brauche es eben heute.«

»Wozu denn?«

Erich erwiderte ein wenig kleinlaut:

»Zum Rennen.«

»Wozu??«

»Zum Rennen. Ich habe einen todsicheren Tip bekommen. Nicht zu schlagen. Ein toller Außenseiter! Zahlt vierzigfaches Geld!«

»Wer hat dir den Bären aufgebunden?«

»Das ist kein Bär, Emma, das ist ein Pferd mit dem schönen Namen Hannibal! Hannibal ante portas! Ich weiß nicht, ob du das verstehst, aber so viel wirst du wenigstens verstehen, daß es eine Riesendummheit wäre, das sichere Geld nicht mitzunehmen.«

Emma warf ihre Fäuste in die Hüften, daß es nur so krachte.

»Gegen deinen Schädel ist kein Kraut gewachsen! Seit Jahren verlierst du Kopf und Kragen!«

Erich lächelte geduldig.

»Wer ernten will, muß auch säen.«

Da klopfte es. Es war der Nachbar.

»Störe ich?« fragte er.

»Keineswegs, Herr Busse! Herein Herr Busse!«

Busse guckte bedächtig. Er roch die dicke Luft.

»Gibt es Händel?« fragte er.

»Ehefrieden wie immer«, sagte Erich schnell, »aber vielleicht erklären Sie meiner Frau –«

»Gern. Was?«

»Heute ist Pferderennen. Ich habe nun von meinem Friseur, dem besten Freund des Bruders des Schwagers eines Jockeis, einen todsicheren Tip für heute bekommen. Einen Stalltip, ganz geheim. Zahlt vierzigfaches Geld. Nun habe ich mir vom Wirtschaftsgeld, was ich ja selber verdient und selber erst meiner Frau gegeben habe, zwanzig Mark weggenommen oder richtiger gesagt zurückgenommen, um damit zum Rennen zu gehen.«

»Richtig! Sie sollen ja ein passionierter Wetter sein«, fiel Busse ins Wort, »Ihre liebe Frau hat es mir schon erzählt.«

»Hat sie das? Das freut mich. Das freut mich wirklich. Jetzt tut es mir geradezu leid, daß ich heute mit den zwanzig Mark gewinnen muß. Denn Hannibal gewinnt, Hannibal steht heute vor den Toren, da können Sie Gift darauf nehmen, Herr Busse.«

»Wenn dem so ist, müßte man sich ja anhängen«, meinte bedächtig Herr Busse.

»Das sollen Sie auch! Holen Sie Ihren Hut! Kommen Sie mit!«

Busse schüttelte den Kopf.

»Das hat keinen realen Zweck. Zwei müssen nicht hinaus. Einer genügt. Schon wegen des Entrees. Wenn es Ihnen recht ist, fahre ich alleine hinaus und setze für Sie. Sehen Sie das ein?«

Erich sah das ein.

»Zusehen macht mir sowieso keinen Spaß. Mir kommt es nur auf den sicheren Gewinn an. Hier sind meine zwanzig Mark, und vergessen Sie nicht: drittes Rennen, Hannibal, Sieg.«

»Ich notiere.«

»Drittes Rennen. Hannibal. Sieg. Nicht vergessen!«

»Keine Sorge.«

»Hals- und Beinbruch!«

Damit verließ Erich das Zimmer. Ging ins Büro. Er hatte ja auch noch einen Beruf.

Emma weinte noch immer. Busse trat zu ihr.

»Loben sie mich?«

»Loben?«

»Habe ich das nicht fein eingefädelt?«

»Wieso?«

»Verstehen Sie denn nicht?«
»Nein.«
»Ich tat doch nur so, als ob ich wette! Ich wette aber nicht.«

Emma zog das Weinen hoch.

»Aber das Geld von meinem Mann setzen Sie?«
»Nein. Das eben nicht, Frau Emma. Ich gehe überhaupt nicht zum Rennen. Und am Abend bringe ich Ihrem Mann seine zwanzig Mark zurück, und wir erzählen ihm alles. Das wird er heilfroh sein, sein Geld wiederzubekommen. Sie haben mir doch schon so oft Ihr Leid geklagt und so oft bei mir geweint, daß ich mir diesen kleinen Trick ausdachte, als ich von drüben plötzlich Ihre hellen Stimmen durch die Wand hörte.«

Emma stand gerührt.

»Das ist aber wirklich schön von Ihnen, mein guter Herr Busse! Das werde ich Ihnen nie vergessen, mein bester Herr Busse! Wie soll ich Ihnen nur danken, Herr Busse?«

»Die gute Tat birgt den Lohn in sich, liebe Frau Emma.«

Emma drückte seine Hand.
Beinah hätte sie ihn geküßt.

»Und Sie versprechen mir ganz, ganz fest, die zwanzig Mark nicht zu setzen? Ehrenwort?«
»Mein Ehrenwort.«

Sechs Stunden waren vergangen.
Erich lief aufgeregt im Zimmer auf und ab.

»Hoffentlich kommt Hannibal! Hoffentlich kommt Hannibal!« stieß er immer wieder aus, »zehn Mark hätten auch genügt – zehn Mark hätten auch genügt – oh, ich Leichtfuß!«

Da klopfte es.

Es war Busse, der eintrat.

Erich stürzte auf ihn zu.

»Na? Und? Sprechen Sie doch! Hannibal? Gewann er?«

»Nein. Leider nicht.«

Erich fiel aus allen Wolken.

»Was? Wieder nicht? So ein verdammtes Pech! Jetzt sind meine guten zwanzig Mark futsch! Man soll sich nicht auf die verfluchten todsicheren Stalltips verlassen! Alles Schwindel! Aber ich Riesenrindvieh fliege immer wieder darauf hinein! Doch das schwöre ich: nie wieder, nie wieder in meinem ganzen Leben setze ich auch nur eine Mark! Mein schönes, gutes, teures Geld!«

Da rückte Busse mit seiner Überraschung heraus:

»Kränken Sie sich nicht, Herr Gautsch!«

»Doch. Ich kränke mich.«

»Ihre zwanzig Mark bekommen Sie wieder.«

»Wieder? Was? Wieso? Wieder?«

»Ich habe sie nicht auf Hannibal gesetzt.«

Erich fiel Busse um den Hals.

Er küßte ihn vor Freude auf Backe, Nase und Stirn.

»Das ist ja – das ist ja fabelhaft, mein lieber, mein guter Herr Busse! Das ist ja herrlich von Ihnen! Sie sind wirklich ein Prachtmensch! Das werde ich Ihnen nie vergessen! Ihr habt ja alle so recht, man setzt sein erarbeitetes Geld nicht auf wilde Pferde. So ist es mir direkt lieber, als wenn ich gewonnen hätte. Einer muß ja das Geld verloren haben, was ich gewinne. Das ist unrechtes Geld. Das soll mir eine heilsame Lehre sein! Nein, so ein Glück! Hier, Emma, sind deine zwanzig Mark zurück! Das war die beste Idee Ihres Lebens, Herr Busse! Wer hat denn übrigens das Rennen gemacht?«

Busse zuckte die Schultern.

»Keine Ahnung! Ich war überhaupt nicht beim Rennen. Ich verstehe nichts davon. Aber die Rennresultate habe ich unten für Sie gekauft. Ich kenne mich darin nicht aus. Hier sind sie.«

Erich riß die Zeitung auseinander.

»Erstes Rennen: Niobe«, las er, »zweites Rennen: Goldmähne – drittes Rennen – nein! – nein!! – Hannibal! Hannibal hat gewonnen! Hannibal mit zwei Längen!«

»Unmöglich!«

»Fünfhundertzwanzig für zehn!«

»Das ist doch –«

»Hier! Da! Lesen Sie selbst! Das sind tausendundvierzig Mark für meine zwanzig! Wo ist das Geld?«

»Welches Geld?«

»Mein Gewinn!«

Busse trat von einem Bein aufs andere.

Ihm hatte es ein wenig die Rede verschlagen.

Ganz blaß war er geworden und stotterte immer nur:
»Aber – aber – das ist doch – aber –«

Erich erwischte ihn beim zweiten Rockknopf.

»Keine dummen Scherze, lieber Busse! Der Spaß war gut, der Spaß war sogar ausgezeichnet, aber einmal muß auch der beste Spaß ein Ende haben. Also raus mit der Marie!«

»Ich versichere Ihnen, Herr Gautsch –«

»Versichern Sie mir nichts! Zahlen Sie mir lieber das Geld aus!«

»Ich – ich habe das Geld wirklich nicht gesetzt, Herr Gautsch.«

In Erich stieg ein trüber Verdacht auf.

»Ach so? Aha! Sie wollen mich wohl auf den Arm nehmen, Herr Busse? Sie wollen mich wohl für dumm verkaufen, Herr Busse? Sie wollen wohl das Geld für sich behalten, Herr Busse? Jetzt, wo Hannibal gewonnen hat, haben sie einfach nicht gesetzt? Und wenn er ferner liefen gewesen wäre, dann wäre mein Geld futsch gewesen, wie? Nein, mein verehrter Herr, da müssen Sie bei mir früher aufstehen! Da sind Sie bei mir falsch gewickelt, Herr von Busse! Sie haben den Auftrag übernommen und werden zahlen! Auf Heller und Pfennig! Auf Groschen und Kreuzer!«

»Aber fragen Sie doch Ihre Frau!« stieß Busse aufgeregt aus.

»Wen??«

»Ihre Frau!«

»Meine Frau lassen Sie gefälligst aus dem Spiel, Herr!« schrie Erich, »was soll wohl meine Frau damit zu tun haben?«

»Sie hat mir doch das Ehrenwort abgenommen, Ihre zwanzig Mark nicht zu setzen!«

Erich fuhr wie von der Tarantel gestochen herum.

»Emma! Ist das wahr!«

Emma stand da wie eine Königin.

Ihr Hut saß wie eine goldene Krone.

»Er lügt, Erich«, sagte sie feierlich, »die Lüge steht ihm auf dem bleichen Gesicht geschrieben – ich weiß kein Wort davon – es ist alles so, wie du sagst, Erich – er soll nur zahlen!«

Drei Tage später war die Beerdigung des guten Nachbarn Busse. Er ist an gebrochenem Herzen gestorben, enttäuscht von seiner Liebe zu den Menschen.

QUELLENNACHWEIS

Wolfgang Altendorf, »Mein Nachbar ließ sich wieder einmal einschneien«. Aus: Tübinger Vorlesebuch. © by Wolfgang Altendorf.

Willy Breinholst, »Kann ich vom Stuhl runterkommen, Herr Lund?« Aus: Wie wär's denn mit Humor? © 1994 by Verlag Ullstein GmbH, Frankfurt–Berlin.

Thomas Degering, »Wagner«, »Wäschekrieg«. Originalgeschichten. © 1997 by Thomas Degering.

Barbara Frischmuth, »Mein und Musils Nachbar«. Aus: Traumgrenze. © 1983 by Residenz Verlag, Salzburg und Wien.

Wilhelm Hauff, »Der Affe als Mensch«. Aus: Sämtliche Märchen, München.

Johann Peter Hebel, »Die Wachtel«. Aus: Der Rheinländische Hausfreund.

Hermann Hesse, »Der Holländer«. Aus: Kurgast. © 1953 by Suhrkamp Verlag, Frankfurt am Main.

Franz Kafka, »Der Nachbar«. Aus: Sämtliche Erzählungen. Frankfurt am Main.

Georg Lentz, »Die Winsch«. Aus: Grüß, grüne Gurke, den Spreewald. Gepfefferte Geschichten. © 1989 by Verlag Ullstein GmbH, Frankfurt–Berlin.

Bernard Malamud, »Die Mieter« – S. 37–49. Aus: Die Mieter. © 1973 by Verlag Kiepenheuer & Witsch Köln.

Sylvia Plath, »Der Schatten«. Aus: Zungen aus Stein. © 1989 by Frankfurter Verlagsanstalt GmbH, Frankfurt.

Jo Hanns Rösler, »Hannibal ante portas«. Aus: Beste Geschichten. © F. A. Herbig Verlagsbuchhandlung GmbH, München.

Werner Schmidli, »Der Hauswart«. Aus: Der Junge und die toten Fische. © 1966 by Werner Schmidli.

Ludwig Thoma, »Der Eigentumsfanatiker«. Aus: Ausgewählte Werke, Erzählungen und Satiren I, München.

In jenen Fällen, in denen es nicht möglich war, den Rechteinhaber resp. Rechtsnachfolger ausfindig zu machen, konnte ausnahmsweise keine Nachdruckerlaubnis

Quellennachweis

eingeholt werden. Honoraransprüche der Autoren und ihrer Erben bleiben gewahrt.

Wir danken den genannten Verlagen und Rechteinhabern für die freundliche Genehmigung zum Abdruck.

Bitte beachten Sie
die folgenden Seiten:

In »Muttertag ist immer!« beweisen Theodor Fontane, Barbara Noack, Elizabeth von Arnim und viele andere in heiteren und versöhnlichen Geschichten, daß Mutter für uns alle einfach die Allerbeste ist.

Muttertag ist immer!
Das meinen Theodor
Fontane, Barbara Noack,
Elizabeth von Arnim und
viele andere
160 Seiten
Originalausgabe
Ullstein Taschenbuch
24149

In diesem Buch dreht sich alles ums Rad. Seien Sie vorsichtig, daß Ihnen nicht schwindelig wird, denn es wird nicht nur ordentlich in die Pedale getreten, es gibt auch einiges zu lachen!

Geliebter Drahtesel!
Heitere Geschichten ums
Fahrrad von Horst Pillau,
Arno Surminski,
Carlo Manzoni und vielen
anderen
160 Seiten
Originalausgabe
Ullstein Taschenbuch
24151

Ullstein Taschenbuch